健 群 小 品

第 三 集

吳 信 義 著

文 學 叢 刊

文史哲出版社印行

國家圖書館出版品預行編目資料

健群小品第三集 / 吳信義著. -- 初版. -- 臺北
市：文史哲, 民 107.03
頁，　公分 --（文學叢刊；389）
ISBN 978-986-314-404-5（平裝）

855   107002889

文 學 叢 刊 <small>389</small>

健 群 小 品 第三集

著　　　者：吳　　　信　　　義
出 版 者：文　史　哲　出　版　社
http://www.lapen.com.tw
e-mail：lapen@ms74.hinet.net
登記證字號：行政院新聞局版臺業字五三三七號
發 行 人：彭　　　正　　　雄
發 行 所：文　史　哲　出　版　社
印 刷 者：文　史　哲　出　版　社
臺北市羅斯福路一段七十二巷四號
郵政劃撥帳號：一六一八〇一七五
電話886-2-23511028 • 傳真886-2-23965656

定價新臺幣四〇〇元

2018 年（民一〇七）三 月 初 版

ISBN 978-986-314-404-5   09389

健 群 小 品

（三）

目　　次

吳　序

　　年逾花甲，回顧往事，余於民國八一年三月到國立臺灣大學服務，信義大哥於民國八二年九月到校，我們結識於台大。他來時是學長長官，和藹可親，不擺官架，喜引有趣故事小品，說說笑話，頗受同仁及學生歡迎，後來他主任教官榮退，小弟接任。

　　信義大哥退休後，即加入台大退休人員聯誼會，我們得保持聯繫，經常往來，瞭解漸深。透過他的引介薰陶，擴大了人文交流視野，後因緣際會同入佛門，但不離紅塵！他的生活多采多姿，能文能舞，能說能唱，經常予人正向積極樂觀思維。他以健群為筆名，常發表生活見聞感言及生活小品，啟迪後進分享卓見，不遺餘力。近年來作品集結出書，一而再，再而三，頗有所成。其小品文短而精要，平實易覽，頗討喜且受好評，不乏紅藍粉絲喜愛。

　　信義大哥早年參與中華健康長壽早餐會及中國全民民主統一會，數十年來如一日，甚少缺席，精神可佩。目前榮任中國全民民主統一會會長，為圓兩岸全民民主和平統一大業而努力做出貢獻，老驥伏櫪，犧牲奉獻精神令人感佩。今其新作《健群小品第三集》即將付梓，有幸受邀，欣然為序。

吳元俊（俊歌）2018.01.10
國立臺灣大學退休人員聯誼會理事長

邢　序

　　我與信義兄（健群）是政戰學校同期同學、相識至今已逾半世紀了，由於都在不同崗位上服務，平日較少相聚，但卻常見到他發表文章。瞭解其狀況，他筆路流暢、文思敏捷、文學根底深厚，所寫文章內容和大家平日生活息息相關，特別感到親切，因此其小品深受大家喜愛。

　　健群兄早年喜愛寫作，從學生時期就養成寫日記習慣，已持續三十多年，其恆心毅力令人可佩。畢業後重返母校擔任隊職及教職長達二十一年，深受大家的愛戴。曾在學生指揮部擔任上校訓導主任要職，也在研究班擔任八年教職，後來轉任軍訓工作，在台灣大學主任教官退休。服務期間身教重於言教，教學相長，這是軍旅生涯難得的經歷，現在退休後仍任職臺灣大學退休聯誼會志工。

　　健群兄熱愛國家、富正義感、待人誠懇、有親和力，並熱心公益，因此被推舉「中國全民民主統一會」現任會長，有生之年期待兩岸早日和平統一。綜觀所述，可知健群兄為人溫文儒雅，學養豐富，尤其小品及散文寫作範圍十分寬廣，舉凡政論性、軍事、文藝、哲學、佛學禪宗、衛生保健常識、生活趣聞以及勵志文選，都是題材內容，深刻能引起大家共鳴，令人百看不厭回味無窮。

　　本人有幸，承蒙健群兄委以重任、希望我為即將出版《健群小品第三集》撰寫序文及個人繪畫牡丹圖做為封面設計之用，理當義不容辭欣然應允，如有不盡周詳之處，尚請見諒，無任感荷。

邢萬齡 2018.01 寫於怡然畫室
復興崗 14 期藝術系

陳　　序

　　喜見信義會長《健群小品第三集》即將出版，佩服作者的毅力與耐力，能在一年半時間，每周二至三篇，從「隨緣分際」寫到「歲末有感」，創作了 200 篇的心靈感性文章！能適時對周邊人事物的真實描述，反應敏銳，觀察入微，文筆流暢，有構思，有內涵，對親情，友情的眷戀情懷尤其深刻。作者每日晨昏沉思於芝山，河堤漫步間，啟發寫作靈感，為文於雅舍獨處時，真情流露於筆墨，令人慨然動容。

　　我因曾擔任全統會秘書長期間，和信義會長相處頻繁，共事言談間，對會長暸解甚詳，因緣際會，建立深厚情誼，新書 200 篇，每逢刊登，我都先睹為快，感動之餘，爰為之序！

　　猶記得，約三年前，初識作者吳信義，當下贈送第一本著作《所見 所聞 所思 所感》健群小品，拜讀後，從字裡行間感受到，小品文獨特風格，耐人尋味，不同題材，秉筆直言。尚有勵志文章，發人深省，堪稱雅文共賞的床頭書籍。再談作者溫文儒雅，性情豁達，談笑風生，隨緣自在。相遇自是有緣，當時信義是全統會秘書長，我是文教基金會執行長，同是退而不休獻身社會，廣結善緣理念相同！二〇一六年信義接任會長，介紹余加入全統會，繼而出任秘書長，獻替相輔。

　　二〇一七年秘書長任內，協助會長完成多項活動，在辦理

過程，了解會長特質風格，積極、有魄力。如擴大辦理年會，舉辦春、秋兩季會員自強活動，新會員聯誼旅遊，製作全統背心等。八月組團赴廣西參訪，行前受傷骨折，仍然隨團同行，責任感重，精神可嘉，返台後積極出版全統會《廣西參訪遊記》一書。會長忙碌如此，仍不間斷為文，且落筆很快，想到題材，直接書寫於手機，文思泉湧，如行雲流水，能寄情於山水，談大自然奧妙，寫親情、友情、同學情，淋漓感人，也常提到生命無常，世間輪迴等等，堪稱寫作奇才。

　　二〇一八年本人因接任文教基金會董事長，請辭全統會秘書長職務，改聘為顧問，共襄全統會務發展。

　　年初欣聞會長即將出版《健群小品第三集》，邀請寫序，深感榮幸，惶恐之餘，基於相處共事時間甚長，瞭解頗深，應允為序。

　　在新書出版的前夕，謹以至誠，留下真實的一頁，衷心期盼出版順利，獻上誠摯祝福！

陳淑貞 2018.01
財團法人東興文教基金會董事長

高　序

2018 年新春伊始，當聞知信義兄即將出版《健群小品第三集》時，大家莫不驚服其始終抱持無比的恆心與毅力，得以又完成一部新著。更讚譽其為同學們的瑰寶，名符其實的文武全才。

信義兄熟悉部落格操作，曾襄助同學會成立專屬資訊平臺，傳遞同學訊息，解答同好疑難，甚獲好評。又其能歌善舞，國台語雙聲帶堪稱經典。本期舞蹈班場地（士林公民會館），主動協助承租事宜，長達五年，實屬難能可貴。又其酷愛文學創作，曾為中央日報副刊作者，使用年鑑日記達三十餘年。並將其平日（所見、所聞、所思、所感）書寫為散文，環繞（保健、養生、親情、友情、敦品、勵志、科技、新知）等主題，暢談待人接物之理，為人處事之道。因其內容包羅萬象，細讀之後，真是發人深省，令人稱道。

余年近古稀，初次為文寫序，朝思暮想難以提筆。但拗不過信義兄多次力邀。更感念其為同學會出力甚深，貢獻良多。且余忝為同學會會長，不敢推辭，若有辭不達意之處，祈請讀者海涵。

高祖懷 14 期第八屆同學會會長

嵇　　序

　　認識吳大哥是在士林社區大學，從「菜根心」到「心靈哲學」。自民國八十九年至今，算一算已快二十年了。二十年在人的一生當中，約佔了四分之一。真的是有幸，結識了這麼一位好兄長。自趙老師出國講學之後，吳學長振臂一呼，才有了十多年來每月一次的聚會，我們這班同學都很珍惜。

　　同學發揮所長帶領著我們，如順和、寶釧賢伉儷經常帶領野外健行踏青、介紹特色餐館享美食；漢民兄自己種些有機的香蕉、檸檬、青菜、香草葉等分享我們；素芬指導大家如何製作做手工肥皂；麗真提供場地；他先生啟明兄熱心招呼並教我們如何烘烤咖啡豆。特別是，信義大哥，竟然將生活中的點點滴滴以文字記錄下來，我們已經拜讀了他兩本大著，如今他又要出第三本，讓我們在閱讀之餘又再品味那些快樂時光，文中有科學新知、身體保健、運動養身等，更讓我們分享聚會歡樂，同學每月都很期待歡聚。

　　吳大哥用一些平實、淺顯的道理，以小品文敘述，互相切磋鼓勵，激發正見正思維，啟發大家積極樂觀的人生。我們成為一生中最好的益友，這是很難得到的至友。我何其有幸，結識了這群朋友，希望我們能再接再勵，以信義大哥為榜樣，健康樂活當下。

嵇佩英 2018.01.12
士林社區大學心靈哲學班班長

彭　序

為吳信義新著鼓舞

　　吳信義賢棣，乃中國全民民主統一會現任會長。認識他這幾年來，深感他有幾個迷人的特質：真誠的好友、認真的會長、勤於筆耕的作家、能放下身段隨緣與眾相處的人。

　　吳會長近幾年來，勤於筆耕，把手上的筆越磨越利，越練越快。他於二〇一四年九月出版《所見所聞所思所感 —— 健群小品》，二〇一六年七月再出《芝山雅舍 —— 健群小品》，現在要出第三本《健群小品第三集》。這三書都由我公司梓板，每書皆是二百篇的小品文，全書十餘萬言。短短幾年，就有近四十萬字作品，令許多好友、同學、粉絲稱道。他的作品以寫實、真誠的記錄人生經驗，在台灣作家群中，乃甚為傑出的風格。

　　再說他是個「認真的會長」，於民國一〇五年四月一日，承接「中國全民民主統一會」第八屆會長一職，做得極為出色。用他在〈寧共毋獨：我與全統會的因緣〉一文要旨說，今後只有堅持本會既定目標 —— 中國的和平民主統一，盡其在我、全力以赴而已。當前島內執政者妄懷台獨迷夢，不顧台灣同胞前途福祉，妄想另立乾坤，連結美日惡勢力，破壞中華民族之「中國夢」！是可忍，孰不可忍！「寧共勿獨」是全統會創會會長

滕傑先生製訂，定為全會之奮鬥路線，我們堅持這條路線努力下去，必定成功、勝利！

吳會長就是這麼認真，去年即使身體不適也堅持親自率團參訪廣西，精神可嘉！他對中國繁榮富強和統一，抱著堅定不移的願景，對中華民族的大愛亦可感天地。並邀請福成先生編寫《廣西參訪遊記 —— 中國全民民主統一會廣西南寧崇左巴馬參訪旅遊》一書以為參訪成果紀存。

正雄不才，一生以宏揚中華文化為己任，亦以從事大中華文化經典為事業，已超過半世紀仍不懈怠，正與吳會長的理念共鳴共感，亦各自力行實踐的人生大業。

這些年來，我和信義賢棣在「華國緣」、「台大退休教官」群組中多有互動，深受信義的真誠和樂觀潛移默化下，自己雖已杖朝之年，能感受到學習、成長、分享的快樂。今天信義賢棣要出版第三本書，甚為欣喜，應其所請，是以為序，還請方家大雅不吝指正。

彭正雄 2018.1.13
文史哲出版社發行人
小金門 619 砲戰參與者

自　序

　　二○一六年五月二十五日開始《健群小品第三集》為文「隨緣分際」，至二○一七年十二月三十一日寫「歲末有感」止，計200篇，前後約一年，這是我每週二至三篇累積的生活回顧。

　　我會持續以小品文題材記載，讓我七十歲以後的人生仍然是多采而不留白。年輕時的夢想，於暮年實現，只要身心靈健康我會堅持寫下去！希望在歲月中累積閱歷，在生命翻轉中留下文字，在中斷二十多年日記中，填補生活回憶，畢竟這是我的歲月留痕。

　　感謝藝術系邢萬齡同學（牡丹大師）應允本書封面設計並為序，另要向文史哲出版社社長彭公正雄兄、14期第八屆會長高祖懷將軍，東興文教基金會董事長陳淑貞，及台灣大學退休人員聯誼會理事長吳元俊，加上我社大心靈哲學班班長稽佩英女士等六位好友分別賜序，尤其要感謝廖振卿（台客）細心為本書校稿，一併致謝。

　　　　　　　　　　　　　　　吳信義 2018.01.04

1 隨緣分際

　　隨緣即對人事地物在因緣條件俱足下，都能尊重別人，虛心接受大家意見，不我執，不堅持己見。我們與人相處，包括家人、親友，以至於長官、同事、部屬，如果處處執著自我，此人必不受歡迎。隨順眾生，隨順別人，也是尊重別人的一種表現，更是廣結善緣的一種方法。

　　緣有順緣、有逆緣；有善緣、也有惡緣。我們在生活過程中，隨順眾生，處處與人結善緣，自然會順緣多而逆緣少；反之，處處與人結惡緣，自然是逆緣多而順緣少。談隨緣分際往往有條件，對自己喜愛的人會隨緣，對不喜歡的人或陌生人很難做到。常常說隨緣，要能隨順緣，也要能隨逆緣。如果只能隨順善緣，不如我意的緣我就翻臉，那非隨緣，如果能隨順逆緣，則逆緣也能化為順緣，惡緣也能化為善緣。佛陀講無緣慈悲是心無分別，普救一切，不但對一切人類拔苦與樂，擴展至一切有情動物，皆起憐憫愛護的心，這是最高貴獨有的無緣大慈。

　　宇宙之間，沒有獨立存在的事物，全是許多因素條件、彼此間關係的生起與存在。人與人在不同時空相遇是緣起，當珍惜這份緣，能放下身段，不我執，廣結善緣，隨緣自在，隨順因緣，必有貴人。凡事能放下、想開、看透、忘了，身心必自在，樂逍遙且無煩惱。　　　　　　　　　　2016.05.25

2　溫故知新

任何事物日久疏離淡忘，知識學問亦不例外。打開電腦，新資訊日新月異，昔存在部落格的好文，重新點閱，有溫故知新的喜悅。多年前一些旅遊照片，浮現在部落格，一轉眼才五、六年時光，就感覺當年是年輕許多，歲月痕跡已悄悄爬在臉龐，恍悟；年華老去本是當然。

最近完成芝山雅舍~健群小品二百篇短文的彙整，五十篇集成一個資料夾，以隨身碟儲存，俾便送出版社印製出版，在整理過程中，重讀一年來文章，就如同翻閱數十年來的筆記，拾回當年寫作及筆記心境！學習過程記憶猶新，深刻體會到有溫故知新的感覺，形容走過必留下痕跡，寫作的心路歷程亦復如是。

活到老學到老才會跟上時代，多元化社會，什麼都要學，最好的學習是「教學相長」及「溫故知新」，因為教才會努力去學，從教學資料蒐集到研究，得到心得才能印證心傳，每一位從事教育工作者，都有這種經驗歷程。做學問必須將舊知時常溫習，進而悟出新的道理，能溫故且又能知新，日新又新而精進不已的人，才可以自己不斷成長。學然後知不足，學習有新觀念、新思維，心理自然會年輕。

2016.05.28

3 先來後到

　　當今社會現象，凡事要排隊。常見者，如排隊買票看電影、買美食，出國返國搭機出入境，平時到醫院看病掛號門診、付費領藥等等。生活中離不開先來後到的排隊等候，人的一生，從出生到死亡亦復如此。

　　「先來後到」，比喻人生是很公平的，非先來必後到，也可能後到卻先來，人往生的道路上亦是排隊，不是按年齡，而是看誰活得健康長久，俗話說棺材是裝死人，而非老年人，生命以健康與否論長短。外表年老並不可怕，可怕是體力年年衰退，或生病不健康。我有一位社大同學到榮總探病，突感身體不適，當場急診，診斷後醫生要他即刻辦住院，後來動刀，待出院後，才知他友人已逝，他有喜悅重生的感覺，半年後告知我們，人生本無常，已看淡生死。「往生」本來就是有先來後到，人遲早必走向這條路，活在眼前的當下才是真實的。

　　用爭先恐後形容生活來去匆匆，但往生之路雖人人必然，又何須急於爭先，放慢腳步，活得瀟灑自在，充實人生。要熱愛生命，每天吸收新的資訊，每天要有不同的思維。多學會換位思考，儘量找新的事物滿足對世界的新奇感、神祕感，有空逛逛百貨公司，您會發現許多新產品，您會留戀有限生命，不急於走向往生之路。　　　　　　　　　　2016.05.30

4 談老說老

　　人人都不喜歡老，但是無一倖免，除了「老骨董」越久越珍貴值錢，所有生命的老化都是走向異滅！火柴劃空，短間熄滅，蠟蠋燃盡，立即成灰。常見成住壞空、生住異滅如是。老既然不可免，要如何善待老年？同樣老年，有人養老、苦老、勞老、病老、樂老，境遇有別。唐朝李商隱：「春蠶到死絲方盡，蠟炬成灰淚始乾」，春蠶到死才能停止吐絲，蠟燭燃盡成灰時，它的淚才得以枯竭，此乃萬物生命現象。

　　同樣是退休或沒退休老年人，如何以自己生活條件，歡度晚年生活，個人所見略述如後。

　　一、養老：有養老退休金，無生活後顧之憂，享受悠閒居家生活，平淡安享天年，一般退休軍公教人員如是。

　　二、苦老：老還得勞碌，為三餐生活而奔波，日不做不得食，子女不孝，又不在身邊，這是孤苦苦命老人。

　　三、勞老：為子女媳婦忙三餐、照顧兒孫，失去個人自由，卻樂於含飴弄孫，心甘情願付出，以「歡喜做甘願受」比喻恰當。

　　四、病老：臥病在床，沒子女伴陪，有錢請外勞，無錢三餐不繼，靠社會救濟，這是老病的悲哀。

　　五、樂老：基本上要有養老的條件加上無病、無痛、無照顧孫輩的罣礙，自由自在過自己喜歡的生活，如旅遊、登山、

歌舞、歡唱、打球、打牌、奕棋等有益身心活動，隨心所欲，
樂享人生。

　　以上略述老年人退休生活種種，您思量定位何者，如具備
其中幾項，當警惕反思，如能做到第五項，則晚年生活是彩色
人生。爲自己打打分數，您滿意嗎？

2016.06.01

5 外在環境

　　外在環境指住家附近方圓幾公里，健走可及的公有設施，如公園、活動中心、步道河堤或學校等，可享有休閒運動或採購，如大百貨公司、大賣場等，基本上寧靜而不喧鬧。這才是良好的外在環境。

　　有幸，我目前住在士林，靠芝山公園山腳下，旁有兩農國小及陽明醫院，外在環境有芝山公園環山步道及雙溪河濱公園、忠誠公園、SOGO 百貨公司及大葉高島屋、新光百貨、天母棒球場近在徒步可及，生活機能方便。有人說年老了住醫院附近，看病或急診救命都方便，雖有些言重，但遇到緊急狀況，時間就是生命。

　　購屋或租屋前，要慎選外在環境如上說，因為您無法改變，必需要去適應！如附近有工廠廢氣污染，飛機起降路線，噪音污染，高壓電經過，電磁波干擾，核能發電廠週遭，核能輻射污染，高速公路、高鐵行駛不得安寧，這些外在因素都是無法改變，我們當避免之。總之住家外在環境非自己能改變，那麼在選擇時就要排除。每天晨間黃昏總能漫遊健走於芝山公園或雙溪河濱公園，享受清新空氣，對身心健康是最大的福利，享有比擁有更有價值。因為前者有罣礙，後者無煩惱，您說呢？

2016.06.02

6 空才能有

最近清理衣櫃，將幾十年保存過時的西裝轉送，衣櫃空出來，才有空間再擺放衣物，體會佛家談空有的禪理。心經上說：「色即是空，空即是色。」空，表示少，虛無，沒有等抽象概念；色，空的對立面，表示多，現實，存在。好比手掌空了，才能拿到東西，手掌若有物，不能再拿東西。空有兩字互相牽連，是隱藏真理的。

捨得，能捨才能得，好同學錦璋兄送我一塊黑膽石，由他撰文，特請田期順大哥書：「捨得捨得，有捨必有得，大捨大得，小捨小得，不捨不得，捨者得也，得者德也，易得者，亦德也。」雖是二十多年前的往事，但睹物思情，人情事故，景物依稀。

記得友人曾說：放在衣櫃的衣服，三年未曾穿過，表示您不喜歡、退流行或已不需要。因為捨不得送出，積累多年衣物愈陳越多，都感到家裡房子永遠少一間，好比衣櫃永遠不夠放衣物，因東西越存越多，捨不得丟棄是也。懷舊、念舊的心態，讓許多衣物，書籍越存越多，您會有此感覺亦是常情。爲何生活簡單就是快樂幸福，因為煩惱少、罣礙少、思慮必少。

2016.06.06

7 空才生有

　　蘇格拉底名言：我只知道自己一無所知。（I know nothing except the fact of my ignorance.）中國人講滿招損，謙受益，正是蘇格拉底此語之意。心中謙虛謙卑的人，彎腰放空，才能接受別人建言。

　　禪宗公案：一位飽學之士，自認上知天文，下知地理。仰慕一位禪師，專程登門請益，禪師泡茶相待，只見禪師將茶水倒滿仍繼續，茶水已溢滿杯外了，這位學士告訴師父。師父開導說：您就像這只杯子，裝滿了自己的想法看法，我如何再傳善知識？驕傲的眼神，瞞不過禪師的慧眼。一個人的言行舉止，說話語氣態度流露，很容易讓別人洞察。空，才能容納世間、萬物存在生長。空，不但不是沒有，它有積極性、建設性有成就性。一般講空，偏重於有形的色相或空間，其實空有的思見及心中，才能接受新的知識或容納新的人。

　　健群小品 006 談空才能有，其實偏重有形的空間，本文探討的「空有」著重於無形精神上的空，如思緒單純就能空，腦袋放空者易受教，沒跳過舞者學舞容易。愈單純的人，才能真正享受空有的益處。您認同乎？

2016.06.07

8 品茗有別

　　同時空，不同的人，有不同的情誼，舊地重遊，仍值得再遊，因爲不同時空、不一樣的人，都有不同的心境。人時地三者，都是考量因素，我常說，外在環境，可以改變您的心情，您是凡人；反之「境隨心轉」，就不是一般人，不受外境所影響。惜大多數人都是「心隨境轉。」。

　　同樣飲茶，在不同時地品嚐有別。在芝山公園石頭公附近，石硯旁大榕樹下，有善心人士搭建休憩涼亭，晨間都有幾位友人泡茶聊天！某日走路經過，請我喝杯茶，茶香濃郁。原來室外飲茶，空氣新鮮，特別有一股茶香的芬芳，難怪許多登山客，不惜不便，自備茶具，在山上泡茶品茗，享受山泉水的甘甜氛香。同理；同樣飯菜佳餚，在餐廳、在郊外，美味亦有不同。許多人在野外烤肉野餐，就是要享受戶外氣氛的自然。友人邀請參加旅遊或聚餐，除了時間要對，磁場不對的人，就難聚在一起，彼此雙方的感受會不舒服，有說不上的理由。

　　社區大學有一種課，叫趴趴走的戶外活動，每個社大老師會另取名，如「生態之旅」、「勇腳健行」，四處走遊，吃喝玩樂的團體活動。聽說每週必安排，走遍郊區景點，很受大家喜愛。有機會可以認識志趣相同的朋友，又享受郊遊的眾樂樂。如野餐、泡茶、咖啡，享受不同的舌尖美味。　　2016.06.11

9　仁和齋

　　仁和齋是一家全素養生餐廳，生平參加無數喜宴，第一次在喜宴上分享美味素食。地點在內湖樂群三路「仁和齋」。主婚人說送給這對新人最好的功德是：不殺生的喜宴。

　　席開五十桌，比一般喜酒少了喧嘩，因為素食亦不提供喜酒。貴賓致賀詞，一位教授別開生面，以唱誦吟詩祝福，舞臺上有歌唱助興，小提琴加上電子琴伴奏，男女主唱，歌聲幽雅美妙。小提琴美少女，步下舞臺，巡廻每桌表演，獲得不少閃光與掌聲。

　　十幾年來我每年到佛光山參加佛學夏令營，雖然僅短短四、五天，但提供素食佳餚我很喜歡。近些年來，人人重視養生，許多素食餐廳林立，價錢雖較昂貴，但生意仍興隆，可見素食已成流行風尚。今天有機會在席宴上享受全桌素食，不難發現素食並非宗教因素，是時下養生美食選項，特留隨筆分享。

2016.06.13

10 花東兩日遊（一）

　　月前與台大友人規劃花東三日遊，半個月前因人數不足，遂改成兩天一夜遊，行前臺北下了兩天大雨，大家憂心不能成行。出發當日，天氣晴朗，我們都很有福氣。車上北二高轉雪隧，很快到蘇澳，一路沿蘇花公路看到東海岸太平洋之美，特別停留「建華冰店」品嚐七十年歷史的正統古早味清冰，回味懷舊無限。

　　同遊李醫師回來即製作兩日遊照片分享，他經常參加國內外旅行，以照片記錄景點及行程，是人時地物最好的回憶。分享李醫師的照片整理，記錄回憶。

https://goo.gl/photos/xhgtU6UNZb3bHN9u6
https://goo.gl/photos/qnjoWR6hCrmt2LbZ9

　　我以文字記載回憶，此次有五位復興崗同學同遊，兩天車程中，個個能說能唱，帶給全車歡樂無限，不愧是政戰幹部本色。身為召集人之一的我，亦不缺席帶動說唱，全車歡笑樂融融，自我介紹之後，彼此認識互動熱絡，營造快樂氣氛。

　　首日午在櫻田野養生休閒館享受野菜火鍋，讓您自助取用，特色風味，美味豐盛值得回味，大家讚不絕口。餐後抵台

東縣成功鎮東北方的三仙台，大夥徒步興緻前往，清涼海風迎面吹來，來回一趟五十分鐘，汗流夾背，平日鮮少聞到海水味，感覺特別舒適。傍晚時分沿玉長公路，觀東部海岸景點，此公路全長 16 公里，唯一以隧道方式穿越海岸山脈，是花東縱谷與太平洋海岸最美麗的連線，亦是國家重大交通建設之一。晚餐在池上稻米原鄉館，品嚐自製式香噴噴的米香，風味特殊。晚上入住金暉大飯店已近 21 時，我們宿五、六樓，二、三樓來自大陸湖北、山西等地。（待續）

2016.06.18

11 花東兩日遊（二）

　　金暉大飯店位於台東縣鹿野鄉，是六層建築，外觀很美但已顯老舊，晨起到戶外健走，小路畢直，兩旁田地種滿鳳梨，難得享受鄉間的新鮮空氣及那分寧靜。

　　次日第一站到鹿野高臺，這是著名花東縱谷，登上三層瞭望台，往下眺望，是推動飛行傘運動的好地方，這裡擁有七公頃的飛行傘體驗場，另有熱氣球最好的平原降落場，每年吸引眾多喜愛高空飛翔的同好。站在高臺上，遠望群山、草原之美，涼風徐徐吹來，大家流連不捨離去。隨後遊覽車順道走訪福鹿山休閒農莊，經理因認識同車的顏教授，招待茶葉蛋，香醇美味，大家讚不絕口。

　　車子來到池上一條在田野間的畢直道路「伯朗大道」，導遊俐華小姐介紹大家租乘電動腳踏車，四人一車，奔駛於田野間，兩旁待收割金黃稻穗，美不勝收！一個小時足讓大家來回乘騎多趟，紛紛留影紀念。路旁一棵不起眼的茄冬樹，因金城武拍片而受到慕名的加持，雖近午艷陽高照，大家興緻很高，咸認值得到此一遊。

　　中午趕到光復鄉，在一家「紅瓦屋文化餐廳」享特色美食。烤台灣雕魚、鹹豬肉、鴕鳥肉，盡收照片留回憶。午後雖熱，大夥隨馬太濕地導覽員深入走訪，這裡有全國唯一特有內陸濕

地，介紹原住民獨特捕魚文化，讓大家體驗全國阿美族最大的部落生活。

　　午後四點車沿台九線縱谷風光北上，在車上大家歡唱，欣賞東海岸之美　，約晚上七點十分平安抵蘇澳食上鱻活海鮮餐廳晚餐。大家都肯定劉先生開車的技術，並感謝俐華、麗玲兩位小姐在車上溫馨的服務。短短兩天一夜，結束花東之旅，平安返回臺北，因緣際會下，能認識同遊的朋友，大家很珍惜，期待再相會。

2016.06.18

12　壞空異滅

　　智慧型手機帶來生活上便捷，除隨時可傳遞資訊，透過每天問早道好，朋友可以相互關懷，藉由它不斷接受新知識，是現代人不可或缺的工具，亦是隨身方便的視聽享受，不可須臾離身，可見它的重要。

　　身有生老病死，心有生住異滅，人世間成住壞空，這是普世認知，器物亦如是。當有一天手機遺失或摔損故障，您即刻會感受到生活上帶來極大不便，因您無時無刻依賴它；需要它（搜尋資訊）。日前手機故障，換了新機，卻帶來許多困擾，首先存手機資訊消失，記憶卡雖保存基本資料，但 Line 原先資訊空白，幸好有電腦連結，Line 資料未消失，新手機輸入基本資料之後，必須第二次認證碼才能完成恢復，如您忘記以上資料，則以往群組、朋友全消失，您必須從新建立，未雨綢繆之計，手機資料要複製備份，願將此經驗分享大家。

　　物質有「成住壞空」、「生住異滅」現象，當因緣具足，生命是由生、住、異、滅相狀，展現無恒常事理。生相即由無而有；住相即成長之形；異相即衰老變壞；滅相即最終滅亡。思想、意識及意念變化，亦有生、住、異、滅四相，因無常變易，視同正常，大家不以為奇。手機是物質，有一天必壞空，必異滅，這是時間空間的必然。

2016.06.23（手機故障有感）

13　友情可貴

　　近月來忙於整理完成芝山雅舍~健群小品二百篇文,從部落格文章複製,先完成製作 doc 文字檔,再以隨身碟複製,俾便以 E-mail 或 Line 傳送出版社,以電子郵件傳送,省略打字之勞,這是平日筆耕的成果。

　　在一次老友聚餐中,告知即將出版第二本書資訊,前葡萄園詩刊主編台客兄(廖振卿)及昔台大同事福成、元俊等好友,義不容辭應允校對,這份友情,由衷感激。在一次電話聊談中,學新聞的樹雲同學得知,亦爽快答允校稿,有這些好友的熱心贊助,讓我心生感動,其實出書前的工作以校對最繁瑣。

　　我常說人際關係網是靠平時的經營,而非一朝一夕可建立。它是您一輩子無形的資產,有了良好的人脈,到處有貴人相助,因為友情是相對的付出,別人敬您一尺,您必還以一丈,情義相挺,永遠是良性互動,常以凡事吃虧就是佔便宜的心態自勉而獲益良多。

2016.06.29

14 隨緣自在

　　近期再度回山是參加 2016 年全國教師佛學夏令營，這是幾年來與臺北教師分會的因緣，過去參加寒暑假生命教育，如今只參加佛學夏令營，在學佛道上，精進自己禪定。

　　歡喜心回到佛光山，是我習慣早睡早起的生活，帶著度假的心情、學習的期許、健康素食的養身觀，又可見到難得的師兄們，有久別重逢的喜悅，我強調好朋友，每見一次就多一次的樂活態度，這也是十多年來，彼此參加研習建立的人脈，我很珍惜。

　　幾天的研習，最大的收穫與感觸是：「得到身心的安頓」，沒有電視的誘惑；沒有媒體污染的清淨；沒有手機電腦及 Line 的旁務干擾！我向友人 Line：「因在佛光山研習，暫停請安及回覆」，取得友人的諒解，享受幾天的寧靜禪修，難得！回來後要寫些學習心得分享，是生活最美好的回憶。

2016.07.08

15　佛陀本懷

2016 年全國教師佛學夏令營，安排講授課程如下

一、人間佛教佛陀本懷
二、人間佛教佛根本教育
三、佛教東傳中國後的發展
四、佛教藝術之美
五、當代人間佛教的發展

　　分別邀請覺培法師、心保和尚、永中法師、永融法師、慧印法師及鍾茂松講師幾位大師主講。透過投影片的講解介紹，不必因抄筆記的分心，我們領悟更多，收穫滿滿。

　　覺培法師將大師口述人間佛教佛陀本懷一書，帶領大家重點提示講授，大師透過一問一答的教育方式，將一般人對人間佛教的疑慮解說，這是最好的對話學習，八十分鐘講授，大家等同看完佛陀本懷一書，全書將近十四萬字，誠如大師所說，您能把這本書讀完，體會本書的宗旨，也可稱為碩士、博士，此語是最好勉勵。心保和尚講到人間佛教的根本教育，他說佛陀未成佛時，佛教在那裡？世間的道理（不增不減），解脫自在（不生不滅），沒有生死，就不必解脫，佛教講無我相、無人相、無眾生相、無壽者相，將我去除，基本上是解脫自在，無常無

我，心本清淨，心有煩惱要做到無念才能不生煩惱，自得清淨，不要中斷您的學習，只要您專心，心無旁騖，就是禪定。永中法師介紹佛教東傳中國後的發展，說到佛陀何以出生在印度，是要度化種族的不平等及貧窮，佛陀滅度後，弟子們將佛法弘傳各地，成為亞洲世界的共通文化，到了現今二十一世紀，已經成為全球最大的宗教之一。可喜的是，現在大陸普遍接受佛教，這份生機將帶來人間佛教的蓬勃發展。慧印法師介紹佛教藝術之美，提到當年興建佛陀紀念館，佛陀紀念館是一座融和古今與中外、傳統與現代的建築，具有文化與教育、慧解與修持的功能。該館的興建，正是希望透過供奉代表佛陀威德、智慧的法身舍利，讓人們在禮敬佛陀舍利的同時，能夠開發自己清淨的佛性，並為人間注入善美與真心，帶來社會的安定與和諧，佛陀紀念館，已成當代佛教藝術之美代表的偉大建築。鍾茂松檀教師講授當代人間佛教的發展，他以幽默風趣的自問自答，透過投影片，帶領大家朗讀，圖解清晰，以人文、人心導向到人本、人才導向，從人性、人倫導向，到人天、人情導向，最後談到人佛、人際導向，人間淨土，佛國現前　，到達阿彌陀佛境界。

　　以上綜合筆記心得，加上個人認知淺見，提供參與此次研習師兄參考，做溫故知新的課程回顧，如有錯誤，尚望指正。

2016.07.08

16 佛光山營隊

正逢暑假，來到佛光山的營隊涵蓋老、中、青、幼四代，有外籍人士禪修、佛七禪修、全國教師佛學夏令營、短期出家、佛學院學員、青年義工營、幼童軍營等等。

每天三餐在五觀堂過堂、藥石，看到二、三千人齊聚膳食，除了行堂為大眾添飯菜的聲音，鴉雀無聲的紀律，發自內心的自我約束，這是境教的影響。不能不感動，那是大家自動自發的自覺吧！餐前齊誦供養咒，餐後的結齋偈都是感恩與迴向，讓大家心懷慈悲善念，誠如其他宗教飯前的感恩祈禱！

看到不同年齡、不同膚色的修行者，體認信仰無國界的包容，這才是佛陀本懷，眾生平等最可貴。來到佛光山處處聽到阿彌佛陀法號及吉祥祈福，人人和藹可親、慈眉善目，感受到溫馨親切、彬彬有禮，人人法喜充滿，相由心生，和樂融融，感染歡喜自在。來自各地的修行者，都是有緣人，如佛語常說：「萬法相互緣起；世事不心強求；只要因緣具足；自然水到渠成」。共勉之！

2016.07.09

17 禪修念佛體驗

　　此次佛學夏令營安排三次晨間上課，各六十分鐘的佛門禪修體驗在大雄寶殿，三次晚間各兩小時的念佛修持體驗在玉佛樓，這兩種課程必須盤腿席墊而坐，對膝蓋不便的老師，確實是大考驗 尤其禮佛的三問訊，跪拜都要伏地再起身，需要腿力加上體力。

　　昔禪修都在禪淨法堂，感覺殊勝舒適，此次安排在大雄寶殿，空間雖大，但不宜靜心禪坐，電扇聲響，小麻雀啼聲，都足以讓您分了心，跪拜問訊雖無礙，總覺不如禪淨法堂自在。念佛修持在玉佛樓，與佛七禪修班學員同時進行，誦經打坐都要專一，念阿彌陀佛經，聲音響徹佛堂，禁語中莊嚴懾心。但前後兩個多小時，勞心亦耗體力，對年紀稍長者是負荷，三天念佛是體力大考驗，禮佛拜佛是鍛練身心體力、耐力最佳養身，西藏喇嘛三步跪、五步拜即是，體力是平日虔誠禮佛鍛練出來的。

　　不管是禪修或念經，都有靜坐，如何安頓身心而不有他念，靠的是靜下心的修持。大學:「知止而後有定，定而後能靜，靜而後能安，安而後能慮，慮而後能得。」所謂定、靜、安、慮、得，是相輔相成，一脈連貫的。專注念阿彌陀佛法號，可斷除雜念而無煩惱。任何宗教的法號都有此效能，您可一試。

2016.07.09

18　因緣難得

　　來自全國北、中、南、東部地區的教師們，約 250 人，齊聚在佛光山，參加 2016 年佛學夏令營，這是 300 年修來的福。（註）報到後編同寮房（室友）緣一，編同組約 16 人一組緣二，來自同區約三、四十人緣三，同一教師分會緣四，大家這幾天分別留影，這是難得的機緣。

　　因緣是很奇妙的東西，在同一時間、同一地點或在路上、車中、旅遊景點、甚至到國外都可能相遇，不可思議的是搭捷運在許多節車廂就會搭上同一節，不約而住宿同一飯店，我都有以上經驗，曾在「所見所聞所思所感」一書中提及。民國八十四年底遊澳洲，在布里斯班遇到一位七十四年班學生，七、八年前在瑞士遇到昔日同事，不遠千里在國外他鄉相遇，說明有緣千里也會來相會。

　　我常說緣起易、緣續難，除非你有參與社團或固定的活動，經常有聚會，如球友、牌友、歌友、舞友、山友等，「親情血緣」、「法緣同學緣」是一輩子割捨不斷，偶而因緣相見的緣很容易散，因沒有那份感情的牽掛，反之見面不易。如今拜網際網路資訊進步之賜，成立 Line 群組，隨時可連絡交談，緣續容易維繫，但要有這分心才重要，如這次佛光山研習建立的緣。

2016.07.10

註：十世修得同船渡，一世是卅年。

19 再談因緣

　　不到 20 篇的小品文，談五篇有關因緣的感想，友人告訴說，今生今世何時何地能相見的人，那是幾十、百年前早就安排註定的，您不得不相信，這非巧合。人與人之間的因緣很重要；要結交善良的朋友，並且親近善知識，如行人於霧露之中，衣雖未濕而有所潤澤，耳濡目染必有影響。

　　今搭公車，在途中遇到高中同學，雖然我們不定期安排聚會，但公車巧遇亦驚喜，下車時又遇到昔日台大同事，我不得不信邂逅亦是有因緣，前文才寫因緣難得，在臺北常會碰到熟識的友人，尤其捷運上下之間，瞬間擦身而過，來不及打招呼，彼此都看到對方，雖是一瞥，心中充滿友愛的渴求。人與人之間隨緣而聚，聚時盡其在我，即是相逢，有緣心靈相通，有恩更無怨，有愛更無恨，得與失，獲得與付出，求心之所安，存有隨緣自然之心，完善固可喜，欠陷也是美，把握當下，縱使一刹那也是永恆。心動一瞬間，感動繫恆牽。遇對人珍惜，在乎更無價。

　　射手座加上 A 型的我，重情重義成了個性的特質，念舊是其一，對昔日的書報雜誌有一分執著，捨不得丟棄，用過的東西如衣物有那分感情，此其二。好像是優點，其實亦是缺點，此秉性難移，就隨順因緣吧！　　　　　　　　2016.06.16

20 留下回憶

　　父親留下許多我們姐弟妹幼時的照片，在四、五十年代的拍照，更為珍貴難得，如今已逾一甲子，我將其存放「芝山雅舍」一書分享。年逾七十，看到昔日照片，有很美的回憶，從照片看到年輕的自己，才驚覺容顏已老，歲月是公平的，看看些許同學已顯老態，體會最後二十年能活出健康的可貴。真感謝父親留下當年珍貴的照片回憶。

　　60～80 歲是人生第四個二十年，也是人生百年中唯一的黃金時代，是任何年齡段無可比擬的。經常參與團體活動或旅遊餐敘，我會提議拍照留念，在手機互傳，此刻不覺珍貴，再三、五年或十年，看到人生無常變化，您會更珍惜，要珍惜能吃喝玩樂的健康體力，到國、內外旅遊，享受快活的人生，珍惜人生第四個黃金時代的二十年。如果身強體健，第五個二十年亦能快樂享有。

　　翻閱舊照，一些友人及長輩已離世，感嘆人生數十寒暑的短暫！走筆至此，嘉義友人傳來趙少平教授往生，我認識他十多年，內心悲痛惋惜不捨，這就是人生的無常。一友人常請客，幽默說：今天兒子請客，改天媳婦請客，問何因？花不掉的錢都是留給他們，我幫他們先花，給自己給友人歡喜，這是新的思維。晚年歲月，要能善待自己，該花該用不必太節儉，多少人能領悟而力行？　　　　　　　　　　　　2016.07.19

21 善待自己（一）

　　追求快樂，就是善待自己，看似容易，卻「知易行難」。退休前很難思考「善待自己」這個議題，因為忙於事業、家庭，退休後靜下心思考，到了晚年當身心健康出現問題，才猛然覺悟，從年輕一路走來，甚少善待自己。人的一生是否及時善待自己？

　　談到善待自己，先決條件是，其一是要有經濟能力，其二心態上捨得。從宗教信仰可以得到精神上，無形身心靈慰藉；從食衣住行上，可以享受有形的物質生活。在無形的精神提昇與有形的物質享受上，得到快樂滿足，即是善待自己。友人告訴我，臺北木柵有家紅牛屋法式料理，每人消費二千至三千元不等，可享受主廚親自在餐桌前為您現場烹調解說，您捨得花費嗎？一家總裁牛肉麵一碗要價五百元，一輩子節儉慣的人，即使有能力，也是捨不得去消費的！喜歡聽名歌星演唱者，一張門票數千元，排長龍都值得去買；喜歡歌劇藝術者，再貴的入場票捨得花！前者享美食，後者欣賞藝術，說來都是善待自己，得到快樂。

　　年紀大的人，想到有生之年，尚能吃喝玩樂，到國內外旅遊享美食，從心開始善待自己，想通之後，要捨得卻很難。網路上常勸人說，用掉的錢是自己的，用不完的錢是留給子女的，

在東方人的思維中，已慢慢可以接受了，君不見許多銀髮族已懂得善待自己，天天樂享生活。

2016.07.24

22 善待自己（二）

前文談善待自己，語有未盡，其實每人的思維不同，價值觀自然會讓您選擇，決定如何善待自己？一般人往往偏重在物質層面享受，而忽略精神層次的享有，這就是認知需求決定您的價值觀，所以善待自己與追求快樂的方法，是人人有別。

人生的需求可以分為物質與精神兩個層面，二者必須兼顧調和，生命才會踏實。一般人多半重視物質善待自己的快樂，而忽略精神生活上善待自己的幸福！前者著重吃喝玩樂享受，如一桌山珍海味，一場球賽或聽完一場音樂演唱，當曲終人散時，內心是空虛，可見物質享受是有限的，是短暫的快樂，後者如家庭的溫暖，父慈子孝、兄友弟恭，宗教信仰有歸屬，幸福可長長久久，這是金錢無法取代的。真正的快樂是從知足中來。若要對金錢、物質、名譽等看得淡泊，凡事用正確的觀念去思維量度，讓攀緣的心安定下來，少欲知足，品德提升，放下自我，融合大眾，精神自然充實，心靈真正得到解脫，這才是圓滿快樂的精神生活。可見無形的精神享有，重於物質享受。

我喜歡網路這段話：能耐得住寂寞的人，肯定是有思想的人；能忍受孤獨的人，肯定是有理想的人；遇事能屈能伸的人，肯定是有胸懷的人；處事從容不迫的人，肯定是個淡定的人；經常微笑的人，肯定是有頭腦的人；看透天下事的人，肯定是

個有智慧的人。生活，只要選擇所愛，愛所選擇，適合自己，就是幸福。我常說的話：「慈悲沒有敵人；智慧不起煩惱。」，「讓別人快樂是修行，使自己快樂是般若。」牢記在心，且身體力行，這也是無形最好的善待自己。您說是嗎？

2016.07.29

23 請安問候

　　每天開啟手機連線電腦，友人已傳來問候請安的文圖，溫馨感人，彼此如見的問好，是拜資訊的便捷，千里之外，平安表達，通常將好友貼圖交換分享，要花費半個多小時，無聲的祝福，代表大家平安。

　　同學中我算是早起者之一，能保持好習慣，其實是數十年來的生理時鐘，早睡早起的習慣使然。約有二個多小時流覽資訊，閱讀最好時光，知識、常識、以及學問都從中獲取，天文地理，海闊天空，無所不包，這是無形教育，我常說不看網路、不看資訊是個人最大的損失。

　　幾位同學好友自製花卉鳥禽，將花之鄉配以十句詩詞，並蒐集一代才女林徽因的短文，讀來心領神會！鳥獸之可愛，配以問早道好的祝福，這是有心、用心、愛心加上一份熱心！在徵求本人同意下，將其文圖存放同學部落格分享，獲得好評。每天收到資訊很多，一天不點閱累積無數，友人對您的善意，沒有好不好，選擇性點讀，要心存感恩。

2016.07.31

24　喜樂生死

釋迦牟尼佛談人生有八苦，前四苦即生、老、病、死。為
何說生苦死亦苦？我換個角度來說，其實生是喜而死是樂！君
不見出生時，人雖然是哭的到世間，但父母親友無不為您到來
高興慶賀；面對死亡，在許多宗教來說，是接引您到西方極樂
世界、到佛國淨土，基督教說上帝接引您到天堂主耶穌身邊。
足見生是喜，死亦是樂。

人一出生後即邁向死亡，人人都貪生怕死，因為害怕死亡
之後不知到哪？死後不知去處的恐懼，讓大家害怕……生之
苦，年輕時是要面對數十寒暑的求學，中年要面對事業、婚姻
及生活打拚，老了要面對病痛折磨！人的一生不如意事者十常
八九，對大多數人而言，生活是艱辛是勞苦，佛陀才比喻人生
是「苦海」，要人們能離苦得樂！做人難、人難做、難做人，都
是苦。但有生必有死，死是往生到另一個極樂世界，何來畏懼？
除非生前作惡多端，害怕死後下地獄，因此說死亡對善心者，
是樂見另一「往生」。

大家都希望能生得好，生在好國家、好環境、好家庭、好
父母。但生是無法選擇。有福報的人，必生富貴家庭，死能死
得其所是善終，無病痛折磨是人人所嚮往，不怕死的心，才能

心平氣和接受死亡。因此說：「人生不求滿分，只求滿足；生命不求富貴，只求平安。」老了能求善終是自己及子女之福。生是喜；死亦是樂，您認同否？

2016.08.03

25　老病淡然

　　生命無常，有一天生理機能老化，或生病，這是正常，要如何老得慢；病得輕，成了大家追求的目標，如何才能養生？成了熱門話題。

　　老；如何老得慢？要從生理與心理來探討，生理上機能要健康，能吃喝玩樂，體力上能跑能動，老得慢，除了健康可以檢測，外表言行舉止亦可看出端倪，心理上要保持年輕的心態，思想觀念要跟上世代，衣服穿著要顯示年輕，外表上看起來比生理年齡要年輕 10～20 歲，這才是老得慢！許多同年齡同學比較下，最易顯示年輕與否？ 有人未老先衰、老態龍鍾，有人活力充沛，外表光鮮。我參加健康長壽早餐會三十幾年，與會者八、九十歲比比皆是，人人健步如飛，是我學習標竿榜樣。

　　病；要病得輕，如偶而的感冒傷風，沒有三高的症狀都是。人老了，器官退化，老化是必然。如何防止不生病，就是從個人好的生活習慣做起。如適當運動、飲食有度、營養均衡、睡眠充足、新陳代謝良好，加上好的心情，符合現代人的養生觀，就不容易生病。

　　有人說七十歲後，滿口好牙，可以延長壽命 10～20 年，因為良性循環互動下，消化好、吸收好、營養夠；腿能走，心肺功能好、心臟好、生理機能好，以上都是健康的指標。年紀大

最大的福利，是生活能自理，不需子女別人照顧，老得慢、病得輕是現代人最大的福報，身心的老病，靠自己調適，老病是自然，要淡定泰然，平常心對待。

2016.08.05

26　愛別離苦

　　「愛別離」這個「愛」就是貪愛，就是我們自己所貪愛的人、事、物，有一天要別離，這個時候的憂苦，我們稱為愛別離苦！最親愛的家人、最親愛的朋友，如果分開的話，我們的心中都會很苦。因為跟愛人別離，會「茶不思、飯不想」，還有思念上的苦，長時間的思念、憂慮、牽掛，這是心上的苦。另一苦就是生活上的物品，有所缺乏的時候，所衍生的苦，你所貪愛的東西、你所需要的，有一天沒有，或者是不足、缺少了，這個也都屬於愛別離苦。

　　在「有為法」的世界，萬事萬物有生住異滅、有成住壞空、有生老病死，體認事事無常變易，對世間生離死別苦，就容易釋懷，短暫的分別帶來苦痛，時間一久會淡然而忘。這未嘗不是，會遺忘的好處。人事物都如此，唯對所愛的人、寵物不捨，有情、親情、感情的罣礙，對心愛人物，獨有所鍾，亦是貪愛之苦。

　　人生的盡頭，彼此要離散的「愛別離苦」，這是永別之苦。一般愛別離苦，通常講的是生離死別，這是最痛苦！如在戰亂中最常發生，生離卻未知是永別，當年大陸的流離失守，來台的人士，經過四、五十年之後的重逢是生離，有多少人卻是永

別，這種苦道盡愛別離最苦。本文所談愛別離苦，通指人與人死別，對週遭的事物，有一天失去了，就沒有那麼傷痛，見仁見智，是否認同？

2016.08.10

27　怨憎會苦

　　人的一生，不同職場，會碰到您不喜歡的人，如長官、老師、同事、朋友或部屬。卻因工作在一起，天天要見面，此謂怨憎會苦。父母、子女、夫妻因有血緣、法緣必須在一起，這是因緣果報。常說夫妻是緣，善緣孽緣無緣不來；子女是債，討債還債有債方來！這是上幾輩子的因緣，有的夫妻和睦恩愛一生，有的卻爭吵怨偶一輩子；有的子女孝順，有的忤逆不孝，這種天壤之別，只能以因緣果報解釋。

　　「冤家路窄」，不想見面的人，偏偏相遇。現代交通發達，天涯若比鄰，走到任何地方都可能會遇見冤家，此時難免心有千千結，不得自在，而產生怨憎會苦。「冤家宜解不宜結。」平時若能廣結善緣，不論到那裡，都會有貴人相助，左右逢源；如果結下惡緣，日後見面不但難以相處，甚至會產生種種煩惱。

　　要減少怨憎會苦，平時要廣結善緣，敦親睦鄰，建立良好人際關係，減少冤家，不樹立敵人！說來容易，在日常生活中，常得罪朋友而不知。許多老朋友，往往因某件事的誤會，友情漸淡疏離，正在交往的朋友，亦要珍惜擁有，尤其男女之情，有一天必需分手，更要相互祝福，有這種胸襟雅量的修養，才是有智慧的成熟者。

2016.08.14

28 求不得苦

　　人的一生不外追求功名、利祿、富貴、財富，在不能滿足下，內心是所求不得苦。如果欲望不高，貪求不多，知足必常樂。所謂求不得苦，不外是指世人欲望無度，因各自職業、地位、愛好、身分等不同，以致所求目標而異，若對自己所愛樂的事物，如財產、地位、美色等，求之而不能得，這種痛苦，即為求不得苦。

　　生活中求不得苦，從幾個面向來說，如求學階段；希望成績好，能考上理想學校；事業上；能宏圖大展，生意興隆，婚姻上；能求得好姻緣，幸福美滿。有些人無子女，有些人卻生女求子不得，有人求因緣卻一輩子無緣，求健康、求快樂、求幸福，這一輩子所求不得的事，不勝枚舉，這些就是內心的苦。我們常以：「人生不如意者，十常八九」自我安慰，可見人生諸事圓滿不容易。

　　聽說您這輩子的富貴、財富、美貌都是前幾世修來的福報，這種因綠果報，是宗教上鼓勵世人要時時做好事、存好心的教育，確實有暮鼓晨鐘啓示之效。我們當體悟「求如意事，不果遂時，引生求不得苦。」「事與願違者，是求不得苦。」求不得苦往往是源於狹隘的思想。倘若一昧只為了自己，得不到預期

的財富、地位，那麼所求不得苦，必常困擾內心而痛苦不已，
如能安貧樂道，知足常樂，必能減少內心所求不得苦。

2016.08.16

29 五陰熾盛

　　前幾篇分別提到佛說八苦：生、老、病、死、愛別離、怨憎會、求不得等。今談五陰熾盛，「陰」字，是「遮蓋」的意思。有五種事情（即色、受、想、行、識五種），遮蓋了人的本性，可以讓人產生各種業障。這五種事情，就叫「五陰」。因為有了這五陰，那貪、瞋、癡的心，就著牢在這個五陰上，像火碰著了乾柴燃燒，所以叫做「五陰熾盛」。

　　五陰即是五蘊，五陰集聚成身，如火熾燃，前七苦皆由此而生。色陰熾盛，四大不調，而有疾病之苦。受陰熾盛，領納分別，使諸苦轉本加極：想陰熾盛，想相追求，而有愛別離，怨憎會，求不得諸苦。行陰熾盛，起造諸業，又為後來得報之因，且因行而遷流不停，而有老衰之苦。識陰熾盛，起惑造業，三世流轉，而有生死之苦。文引用（Baidu 百科）

　　佛家講這八苦，仔細思量，人人都要經歷，無法逃避，除非成佛到極樂世界。人的煩惱不外：執著、無明、放不下、想不開，在理性與感性之間，孰重執輕，就決定煩惱多寡，人因是理性的動物，凡事思考，三思之後猶豫不決，產生煩惱，感性太多，多愁善感亦是煩惱！人的煩惱熾盛雖是常情，但樂觀者必比悲觀者快樂。之故；執著者缺少圓融的智慧。凡事能換位思考，設身處地常替別人設想，就會改變您的思維，我們稱

反思或逆向思考。之故；當您遇到煩惱，就適時換位思考，即煩惱止息，這是個人淺見，敬請指正。

2016.08.18

30 皮夾故事

　　前些日子友人請吃飯，送我一精美皮夾子，觸摸即知是真皮，質感很好。我好奇詢問，讓您破費不好意思，他告知皮夾由來，願以此短文敘述分享！我告訴他古人說：要失去一位友人，將錢借給他，他未還而避不見；要讓友人記得您，您向他借錢而不還，不無哲理。

　　話說多年前一友人，開口向他借四十萬救急，從不輕易對朋友說不的他，身上沒這筆錢，即偷偷瞞著太太，將一戶舊房抵押貸款借予，請他按月繳還本利。不料後來這位朋友最後無力還款，竟寄來一箱約二、三百個自製皮夾，算是抵償！朋友無奈自繳十幾萬尾款，算算皮夾每個要價千元。

　　家裡存了這麼多皮夾，他陸續在好友聚會中分贈！此次 14 期即將舉辦畢業 48 年同學會，他將剩餘六十幾個，託我帶到臺北，我建議他於同學會中，先報到者先領取，送完為止。寫此文未道出何人，但經其本人同意下發表，看到此文同學，想得到此精製皮夾，請您提前在六十名報到，以免向隅。

2016.08.20

31 莫忘回首

　　兩年前曾寫「離席莫忘回首」一文，載於將出版「芝山雅舍」健群小品第六篇，最近訪友，又將東西遺忘，再度以「莫忘回首」為文，提醒自己並與友好互勉。年紀漸長，總是容易丟三拉（落）四，不是丟了這個，就是忘了那個，如下樓出門，發現忘帶手機、皮夾、帽子、眼鏡等隨身物品，只好回頭，卻耽誤時間，有人以「伸手要錢」四字提醒，要帶身分證、手機、鑰匙、錢包，順口牢記易懂。

　　我們常以年紀大健忘，安慰原諒自己，而事實上只要用心專注，出門先想到攜帶物品，離開座位回首看看，當場檢視，就不易遺失，最近搭高鐵，下車時手機不見，待搭上計程車途中才發現，確定滑落椅下，幸熱心駕駛答應回高鐵站尋找，透過電話連絡，雖然幸運尋獲，卻要花費千元車資，得不償失。平時最常見掉手機、雨傘、帽子、眼鏡、皮夾，要如何防範，除了隨時檢視，最好像女生出門帶上皮包，男士斜背式手提袋，習慣帶上小水壺、牙刷牙膏、筷子等物品，如此東西不易遺失！我週遭友人有隨手筆記備忘，翻開行事曆，即一目了然，現在手機有行事曆記載，每天點閱還會提醒，真是方便。

　　家中常用工具物品，如剪刀、起子、遙控器等，習慣放在固家位置，用畢即放回原處，東西不會遺失，也不會浪費時間

尋找！出國旅遊，必先列一清單，逐一攜帶，回國對照檢查，不會丟三拉四，這是我的經驗。「莫忘回首」牢記在心，生活中必能減少遺失東西，是否有理？

2016.08.22

32　樂活養生

　　日前再度陪友人參觀林口長庚文化養生村，經解說員親切服務帶領下，讓我們熟識環境，人人感覺到，這才是退休樂活養生的好地方。

　　友人一位表叔馬先先，他們夫婦進住一年餘，經他親身體驗，每天樂活，令人稱羨。馬先生六十五歲，太太五十多歲，在美國加州居住，開一家北方館子，打拚三十多年，取得美國公民，因膝下無子女，退休後，將美國房子處理，回到從小生長的故鄉，親友、兄弟姐妹都在台灣，落葉歸根，人親土親。他六年前回台，動了心臟大手術，險失生命，深刻體認健康可貴，如今賣掉深坑房子，手上有一筆現金，投資股票，每月可賺數萬，加上領取美國公民退休金，生活寬裕，進住養生文化村，租了車位，每天開車訪友打牌，到處旅遊，開心自在，享受樂活人生，他們的選擇是明智的。

　　據說，住這裡的人，以退休公教人員居多，許多教授、老師、藝術家，來到這裡，靜下心寫作、繪畫，創作更多。文化村規劃特色，有寬闊幽雅的養生環境，享受青青草原、體驗野趣農園、漫步休閒棧道，遠離塵囂煩擾，沉浸在大自然中，提供最佳的健康生活環境，為銀髮族體貼設想的全方位照護服務，並兼顧保健、醫療、養生、休閒、娛樂，讓您有家的感覺，

享受家庭、社會與親情的溫暖關懷，豐富退休生活價值，提供文化傳承的發展機會，貢獻智慧薪火相傳，可以認識新友人，成為真正名符其實的老伴。

2016.08.24

33　喜樂出書

　　距離第一本書《所見所聞所思所感》103年9月出版後，今年105年7月出版我第二本書《芝山雅舍》，這是年滿七十歲的心願，兩年寫一本書，寫小品志在興趣，分享好友為主，不在營利，因此心情是喜樂的。

　　《芝山雅舍》一書終於出版，前後將近三個月的整理，從文字電子檔到平面版書，從初校、複校、三校到四校，經過幾位好友主動熱心參與，從錯字、別字、到標點符號，出版社逐一修正，電子書信往返，最後經我總校定稿！費神勞心，往返出版社數趟，辛苦不在話下，方知一本書出版前的心路歷程。

　　接受好友建言，將過往生活照及最近生活照存放書中，前者我將七十五年前父母結婚照，六十幾年前全家福照保存，彌足珍貴。後者存放近些年個人旅遊生活照，分享親朋好友。如今照相方便，人人得之易，反而不會珍惜，人的心態如是，照片可以留存當年容顏，如能年年拍照，日後值得懷念。

2016.08.26

34 愛護國旗

　　最近訪友，發現他家掛了國旗，好奇詢問，已掛了一年餘，他說國旗代表國家，認同國家，必愛護國旗，反之；不認同中華民國者，必不認同青天白日滿地紅的國旗，如今國旗已被一些有心人士汙名，不承認中華民國，領導人對兩岸協議下的九二共識模糊，國旗不被尊敬，被矮化。

　　國旗在一般機關學校，每天都要升旗，目前學校升旗典禮非天天舉行，師生對國旗的尊敬亦漸疏離。昔日教育下，聽到升旗國旗歌、國歌，行人或運動者即刻停止，面向國旗行注目禮，此景何在？平時亦難得唱國歌，記得五、六十年代，電影院每放映前必播放國歌，這是普世的國民教育，如今憶及，不勝感嘆，往事只能回憶！

　　當您在異國他鄉，見到自己國家國旗，內心那份喜悅、興奮油然而起，此愛國心之表現，現在只能在國家慶典國慶及元旦升旗典禮，才有機會眾人前高聲齊唱國歌。有鑒於此，我這位同學發起，凡復興崗子弟，家家戶戶都應懸掛國旗，全省到處可見國旗。這個建議正透過校友會發起，如各地區校友會能分送每戶一面三號國旗，大家一起表現愛國行為，我們拭目以待，樂觀其成。

2016.08.27

35　走向街頭

　　明天是九三軍人節，退休軍公教人員準備走上街頭，這次93 活動，不分黨派，不分族群，不分高低階級，退休先後，是要大家團結站出來，反民粹長期污名！大家是為公平正義、為政府誠信、為軍公教的尊嚴而走。訴求內容方面包含，尊嚴被踐踏、主權被羞辱、國家被霸凌、年金制度改革不合理。

　　由退休軍公教發起的「反汙名，要尊嚴」九三上凱道活動，號稱 10 萬人以上參加，將是蔡政府上任後最大規模的街頭抗議。民主政治的特色，人民可以表達對政府政策不滿。九三軍公教走向街頭是給新政府最大的壓力，這群軍公教是被稱為社會骨幹、國家安定的力量，訴求反汙名、要尊嚴，政府應虛心檢討。一個多月來，透過文宣媒體大力宣傳，在 Line 群族發揮最快的傳播力量，如今估計超過十萬人要走向街頭。一向軍人比一般公教人員易動員，尤其以軍事院校來說，據所知，來自全省各地區都有組團包車到臺北，有遠自美國及旅日的胡志強先生都提前返台，為的是參與街頭抗議。

　　安定的退休生活是人人嚮往，但政府對年金制度改革，將讓多數退休軍公教人員，生活惶恐不安，造成要公平正義的訴求！新政府執政百日以來，已出現許多政策朝令夕改，在某些

團體訴求下，政府讓步甚至妥協，給人錯誤示範，會吵的小孩有糖吃，於是軍公教今天走向街頭，執政者應謙卑省思才是。

2016.09.02

36 理性平和

　　我參加「反汙名，要尊嚴」93 上凱道活動，是日 13：00 於大安森林公園二號出口會集，但見復興崗先後期校友已聚滿大安森林公園，待命準備出發，從前期到後幾期都有，含老、中、青三代。愛國不落人後乃復興崗子弟。喜見諸多老長官、大學長及學弟妹們，難得相見歡於凱道，因人群太多，想見友人寸步難移，第一次參與二十五萬人的街頭運動，情緒是激昂，但人人訴求是溫柔理性，過程是平和，反汙名要尊嚴的背後，軍公教訴求的是理性、感性、且溫和的。為政者要有善意的改革才能深得人心，民意如潮水，勢不可擋。

　　年逾七十的年齡不覺老之將至，走完二小時的街頭示威遊行，並不勞累，又在廣場久立三小時，沿途揮旗唱軍歌，井然有序。在返家的捷運上找到坐位，特別感到輕鬆自在，這一生參與最盛大的群眾運動，見證歷史這一刻，值得留下美好回憶。許多學長、同學體力因素，未參與遊行，卻先後來到廣場，有些友人旅美專程趕回，有些同學遠從全省各地趕到臺北，共襄盛會，這分熱情令人感動，究竟有心最重要。

　　聽說凡參與群眾運動者的智商，會如十幾歲的青少年，失去理智，情緒衝動而幼稚，盲目追隨跟進，失去獨立思考能力，

但今天我實際參與，卻意識清楚，理性訴求，人人平和而感性，因大家都能共體時艱，建立共識。

2016.09.05

37　茶與咖啡

　　茶與咖啡是世界上最受歡迎的嗜好性飲料，而且已消費數千年，咖啡最早栽種於非洲的伊索比亞，後來才引進到葉門、阿拉伯及埃及。美洲的咖啡係由法國從該國的殖民地所引進。咖啡目前已成為全世界消費量第三位的飲料。曾幾何時，咖啡走入我們生活中，有人幾乎每天都少不了它。在臺北午餐後，必有人提議喝咖啡聊天，倒是很少到茶藝館喝茶，喝咖啡成了生活中最好的應酬待客之道。

　　中國人最懂得茶道，唐朝以後被日本人發揚光大，也許是泡茶學問大，茶葉種類太多，價錢不菲，加上茶具太講究，茶水煮沸不便，大家只好改喝咖啡，如今以自助咖啡機研磨，簡易方便。之故；咖啡廳在臺北三步一店，五步一家，許多還附設簡餐及精緻糕點，難怪吸引不少老中青三代族群。

　　朋友聚會聊天最佳去處喝咖啡，但茶與咖啡都含有咖啡因，對其些人午後飲用影響夜眠，看來非每人可以享受？茶或咖啡各有其好處，若能參考個人體質，適量飲用，既享受生活又健康。以上略談茶與咖啡有感。

2016.09.10

38 煙酒之好

常說煙酒不分家，抽煙的人大多數喝酒，但喝酒的人不一定抽煙，我是其中之一。煙酒已成為日常生活應酬交際的媒介，尤其商場上是不可或缺的次文化，無酒不成席常掛嘴上，宴客成了無酒不歡。這十幾年來社會中推廣無煙文化，多少癮君子，失去昔日隨時隨地抽煙的空間，許多人有了三高、為了健康、在醫生的叮嚀下，為了活命而戒了煙酒，大家都知道少煙適量飲酒，才是健康之道，卻知易行難。

自古多少文人墨客雅士，飲酒作詩作畫，藉酒澆愁愁更愁，多少作家記者不抽煙無以創作，或許是習慣領域的心理作用，抽煙喝酒助興的潛規則，才能找到靈感是事實。醫學證明抽煙有礙健康，過量飲酒傷身體，多少人在生活中卻離不開它。或許是每人基因體質不同，有人嗜煙酒，一輩子無礙，有人肺肝立即出現問題。政府十幾年來嚴格取締酒駕違規，確實收到遏阻作用，喝酒肇事率因而減低，這是利己利人的德政。

歐陽修所做的《遙思故人》詩的頭兩句：「酒逢知己千杯少，話不投機半句多。」好的心情喝酒不易醉，反之不勝酒力，說話亦然，半句都嫌多。可見喝酒、說話都要看對象、看場合。有人喝酒壯膽，有人借酒裝瘋，酒後亂性，可見酒的威力。聽說人的一生，煙酒是有配額的，不要急於使用盡，否則晚年您

不能享用，君不見五、六十歲已被醫生吊銷煙酒執照，常言說
得好：「能吃能喝身體好。」諸好友，如今您能喝上幾杯否？

2016.09.15 中秋夜

39 旅遊花絮（小意外）

2016 年 9 月 20 日，我隨團前往河南洛陽，參加第 14 屆河洛文化研討會。出發前兩個颱風莫蘭蒂、馬勒卡先後襲台，風雨交加，幸出發當天秋高氣爽，陽光普照，大家深感運氣很好。27 日由鄭州回臺北，因梅姬颱風襲台，桃園機場關閉，我們延誤六小時起飛，險些無法如期回台，飛機在強風搖晃而降，全機乘客驚叫！安全著陸後大家鼓掌，慶幸沒發生意外，因風勢太大，滯留飛機一小時才順利下機，前者出發與後者返台機運，竟有天壤之別。

本團原報名 27 人，當天出發只有 21 人，會期三天之後有三位離隊，後五天旅遊只有 18 位。此意外之一，報到第一天晚餐 A 君因魚刺硬到喉嚨，半夜送到省立洛陽醫院，以胃鏡方式取出兩吋長魚刺。又一小意外，翌日 B 君遺失皮夾，為掛失證件信用卡，電話漫遊花了五、六千元，後經大會協調只花百來元，此其二；前往少林寺參觀武術表演，B 君因高血壓頭暈休息，亦是小意外，此其三；第六天遊雲臺山，C 君滑交左手腕撐地而挫傷，導遊即送醫院，雖耽誤大家用餐。（當天大夥三點半才午餐）此其四。才八天旅遊，卻發生四件小意外，讓導遊忙進忙出，看來平安是福，應感恩。

以老當益壯形容本團是名副其實，大陸觀光景點，優待七

十歲年長者免費，我們有一半享受此福利。本團有兩位 89 歲兩位 88 歲及 80 高齡老人，看他們年紀雖大，能吃能喝能走，才知道年齡非問題，健康最重要。想到十年以後能否像他們康健？更加惕勵自我期許。誠如周傑之教授所說「活到老、學到老、做到老、愛到老。」讓我由衷佩服。

2016.09.28

40 河南參訪

　　我此次參加第十四屆河洛文化研討會，順道參訪河南，旅遊景點有黃帝故里、絲綢之路（隋唐城定鼎門遺址）、龍門石窟、天堂、明堂、關林、洛陽博物館、少林寺、塔林、登封~焦作、雲臺山風景區、開封包公祠、清明上河園等名勝古蹟，經導遊詳解更加深入。

　　由全國政協港澳臺僑委會河南省政協中國河洛文化研究會主辦的第十四屆河洛文化，有來自全大陸十五個省市區和香港臺灣以及美國韓國的專家學者。大陸甘肅、四川、廣東、湖北、福建、江西、山東、北京、內蒙古自治區等代表 200 餘人出席了研討會。大會安排住宿洛陽市鉬都利豪華國際五星級大飯店，開會研討及食宿均在一起，甚為方便。

　　大會安排專家學者專題報告、分組討論，讓與會者瞭解河洛地區是中華民族最早跨入人類文明門檻的地區，產生於黃河流域的河洛文化是中華民族文化的核心文化，是中華優秀傳統文化的主幹，它是有利於海峽兩岸及世界華人華僑的民族認同、文化認同。來自台灣將近八十人代表一致認同此一結論。

2016.10.01

41　老健可貴

　　昨下午在台大聯合服務中心值班，辦公室內秘書室小姐與一位老先生對話許久，我才瞭解這位先生早期畢業台大法律系，因失智症而遭家人不顧，只好來到母校，想求助校長幫他解決食宿問題。我只好找來駐校警隊，聯絡羅斯福路就近派出所員警，前來協助處理，折騰幾小時，總算將人平安送回家，此乃解決問題要找對窗口。

　　有感這位老先生因健康問題遭家人遺棄，姑且信之。我們要體認老之後健康之可貴，長壽多辱是因不能自我照顧，之故，老了生病就很可憐又悲哀。想要瀟灑就必須有自己的生活信條，不為他人所動，追尋輕鬆自然的活著，就是你生命精彩的路徑，感覺只有自己知道！有人惹您生氣，即使他氣得吹鬍子瞪眼，我依舊是我，開心而去，依舊不生氣，這就是智慧不起煩惱，才能逍遙快樂活。

　　人生的路走過去了一大半，什麼事情也是司空見慣，真理的概念有時候不見得是人多人少來認定的，沒有必要去爭上爭下，該磨的棱角已經磨去，到了耳順的年齡，不去攀比，不去比較，大半輩子都過去了，什麼都是浮雲，你的存在就是最好，伸長了你的腿腳也占不了一兩米地方，知足而樂就是當下，減少和壓制自己的欲望，這才是智慧的人生。

2016.10.04 有感而寫

42　太平山之旅

　　二個多月前即規劃，以中國全民民主統一會之名，舉辦太平山翠峰湖鳩之澤溫泉英仕渡假二日遊。出發前十日陸續有人因臨時有事，未克參加，承辦人只好很辛苦另覓友人遞補，最後以 34 人圓滿成行，旅行社預訂到十月六日英仕山莊渡假景觀的房間。

　　十月六日當天出發前，艾莉颱風帶來風雨交加，大家正擔心未能成行，所幸車抵宜蘭的一路上風和日麗，天公作美是大家的福氣。首站來到林美步道，在蒼翠林木步道享受森林浴。陰雨天走上一小時，仍汗流夾背，大家紛紛留影。中午在懷舊餐廳享風味餐，暢飲啤酒清涼解渴。下午來到鳩之澤溫泉，人人享受泡湯，舒暢身心，此泉質屬弱鹼性碳酸溫泉，水溫 40 度 C，水質清澈呈奶水色，無硫磺臭味，洗後有滑膩感，是很有特色的溫泉。夜宿棲蘭英仕景觀山莊，晚餐我們自備金門高粱酒，大家杯酒交歡，幾位女士酒量好，暢飲不醉！晚上安排卡拉 OK 歡唱，歌舞同歡，在寧靜的山莊，人人無不陶醉，留連忘寢。

　　翌日清晨山中雨下不停，我們分乘九人座四部小巴，先到海拔 2300 公尺見晴步道，大家步行於迂廻曲折的鐵道路徑，可惜到處積水難行，只好在風雨中留影到此一遊，美中不足。隨後車子又往下坡到海拔 1840 公尺的翠峰湖，因雨太大只能順著

步道到觀湖台，湖面因雨未能清澈，倒影無蹤，倒是難得雨中漫步翠峰湖的經驗。近午來到太平山公園，氣溫約 15 度 C，吃著熱食溫暖身子，大家無法享受戶外楓葉美景，只好冒雨撐傘留影。車回英仕山莊轉乘遊覽車下山，來到金車酒堡，品嚐 KAVALAN 威士卡試飲與品評解說，大夥紛紛留影。因時間尚早，我們多參觀了宜蘭酒廠，這是紅露酒有名的盛產地。外頭雨下不停，傍晚來到礁溪經典美食坊，享受特色料理。餐後返回臺北。兩天旅遊在車上高歌歡暢，帶來不少歡笑，這是一趟人對什麼地方都好玩的旅遊，大家留下珍貴的友誼，也留下難忘的回憶。最可貴的是大家都平安、順利、圓滿。

2016.10.09

43 歲月不待

　　時光不待人，歲月催人老，莫讓今夕虛度，歲月即在今朝。年逾七十，有感盛年不重來，惶恐年華老去，趁著身體尚能吃喝玩樂，當盡情言歡，待有一天，不能吃喝甚至無法玩樂，那是身心健康的無助，亦是老邁的必然過程，因時不我予。

　　看到同年的友人，有的活力充沛，有些老態龍鍾，如此差別，不是年齡問題，那是身心健康出了狀況，有感一些八、九十歲的高齡老人，仍神采弈弈，健步如飛，方知人生快樂，在老來能吃喝且到處玩樂！最近前往河南參訪、太平山旅遊，同行者八、九十歲能走能動令人佩服。參加三十幾年每月一次的早餐會，一、二年級、三、四年級、五、六年級各佔三分之一，可見能活動的長者必健康，我時時以他們為榜樣。全統會榮譽會長王化榛先生已九十高齡，經常參加活動，能走能動，思維清楚，語言表達力好，令我們讚嘆，足證老健很重要。

　　每人環境有別福報不同，各有命運，強求不得。當您羨慕別人快樂幸福時，先決條件他是健康的，他能吃喝玩樂，您能否？我常勉勵友人要樂活當下，及時行樂。善待自己，幸福無比；善待別人，快樂無比；善待生命，健康無比。以上共勉！

2016.10.11

44 認知需求

　　什麼是快樂？當認知需求的物質得到滿足。如住豪宅、開名車、穿名牌、享美食等；什麼是幸福？　您的精神認知需求得到滿足，如家庭幸福，子女有成，內心喜悅，有健康身心，加上好心情等。前者是外求，是短暫；後者是內求，是長久。以上談之易做卻難，每人物質與精神認知需求有別，因之；不要以自己認知的快樂或幸福加諸於別人身上，就像有人花幾千元，排長龍買票聽演唱會，有人寧願吃大餐。

　　認知需求的價值觀因人而異，如有人愛爬山、健行運動，有人嗜煙酒、檳榔，有人喜歌唱跳舞，有人打球、打牌樂此不疲，我們要學會尊重他人的認知需求，滿足他們的快樂，即使我不喜歡又何必批評指責別人，這就是修養。人因為自己不喜歡而厭惡，不要試著改變別人，就不會引起與別人的爭執，如我不喜煙味，別人抽煙我遠離，改變自己容易，改正別人易傷和氣。

　　與其埋怨世界，不如改變自己。管好自己的心，做好自己的事，比什麼都強。人生無完美，曲折亦風景。別把失去看得過重，放棄是另一種擁有；不要經常艷羨他人，人做到了，心悟到了，相信屬於你的風景就在下一個拐彎處。羨慕而不妒嫉，欣賞也不忘讚美，這是別人的福報。生活不要攀比，不計較、

不比較才能心平氣和看別人，反觀自己。我喜歡這段話，特摘錄分享：生活是開水，不論冷熱，只要適合的溫度，生活是口味，不論酸甜苦辣，只要適合的口感，就是最好。生活是旋律，不論快慢，只要適合的聽覺，就是最好。生活是季節，不論春夏秋冬，只要適合的心情，就是最好的。生活，是實實在在的一種生存。不甘寂寞也好，甘於寂寞也罷，生活，只要適合自己，就是幸福。因為認知的價值需求人人各有不同，何須在乎別人喜歡您或不喜歡您，做喜歡的自己，隨緣才能自在，不是嗎？

2016.10.16

45 生有涯　學無涯
莊子內篇‧養生主

　　吾生也有涯，而知也無涯。以有涯隨無涯，殆已；已而為知者，殆而已矣。為善無近名，為惡無近刑，緣督以為經，可以保身，可以全生，可以養親，可以盡年。

　　引用上文，生有涯，學無涯。人生有形的學校教育，從幼稚園、小學、中學、大學、研究所到博士班，一路走下來，佔了人生歲月的四分之一以上。到了社會職場，實務工作的經驗學習，在職進修、專業學科看不完的書，讀不盡的資訊，仍離不了學習。到了退休以後，要學的興趣娛樂更加廣泛如：唱不完的歌、學不盡的舞，又佔了四分之一以上，這是學無止境的人生。五、六十歲退休者，他的餘命越長，可享受二、三十年以上的晚年生活，要能享受快樂自在的人生，當然先決條件是有健康的身心才能樂活學習。

　　「活到老、學到老、做到老、愛到老。」，是當今社會人人要遵行的終身學習觀。退休才有時間學習新的事務，要培養多元化的興趣，如學電腦、打牌、打球、歌舞等，都是社會大學的功課，學越多的興趣，才能參與更多的社團活動。退休之後，切記莫天天在家看報紙、看電視、玩電腦，一般宅男、宅女，缺乏戶外活動，身心不健康，很容易罹患精神官能症及老人癡呆。

呆。

　　有感老病與歡樂亦要學習，前者每到醫院探視友人或陪同親友看病，看到許多老病的現象，以同理心想到有一天自己也會面對，心理上是否有此準備？後者每到卡拉 OK 歡唱或到舞場跳舞，看到人人歡樂，展現多采人生，這些快樂都要學習！人生有苦有樂都要去體驗，感嘆生有涯學無涯的必然無常，就必須把握機會，多面向的學習，拓展多元化的生活。人生說來數十寒暑，說長亦不長，轉眼已遲暮之年，這是個人感傷之語。

2016.10.20

46 職場異動

　　人一生在職場的異動，代表工作經歷的轉換跑道，尤以軍人最頻繁，每一職務的升遷必調動，從尉級到校級有六個階級，至少異動單位及不同職務十幾次，每一異動必換單位環境，有人本島外島輪調多次，進修深造亦不例外。當職業軍人，經常接受學經歷的歷練，要適應新職務、新單位，我何其有幸，軍旅生涯只換過三個單位。

　　民國 57 年 10 月 1 日畢業，即赴鳳山陸軍步兵學校，接受半年初級班訓，58 年 4 月到部隊擔任少尉排長，半年後 58 年 10 月 1 日回任政戰連輔導長，59 年 12 月 25 日隨部隊輪調金門，在前線兩年戰地生活，隨後幸運輪調母校復興崗服務，結束四年第一職場的部隊生活。民國 62 年至 82 年在學校歷任隊職、參謀、教職前後 21 年是第二個職場，82 年 8 月轉任台大軍訓工作是我軍旅生涯第三個職場。

　　以上回顧三次職場的異動，最令我難忘是四年基層部隊的苦，最懷念是母校擔任隊職、教職帶過許多學生的感情，我對復興崗有太多甜美的回憶，離開台大正式脫下軍服至今 21 年，但與台大續緣最長，如今是台大退休聯誼會永久會員、台大登山社會員、台大聯合服務中心志工 13 年，緣續的情感不因退休而中斷最可貴。此文亦是我職場異動的記錄回憶分享。

2016.10.22

47 未雨綢繆

　　友人告訴我最近在自家頂樓養了 20 隻雞，準備半年後為女兒龍鳳胎做月子進補用。他告訴我養雞的秘密。其一太太不知情，其二是養在頂樓氣味比較不會往下飄，又保密又防臭氣四溢。自搭蓬子，可防雞日曬雨淋，用心良苦。

　　小雞每隻 30 元購得，前兩個月買飼料加上玉米餵食，第三個月後，以廚餘養育，其一餵剩飯菜符合環保，其二來源是餐廳及學校營養午餐廚餘，自己勤快辛苦到各地搜集，可讓雞隻減少吃抗生素飼料，又省一筆飼料費。他曾有養雞失敗經驗，有一次養了兩年多，一則捨不得殺，待宰殺時發現刀不利，後來才知道是雞太老非刀子鈍，自已好笑，原來養雞半年即可。以上是友人告知，我說要寫一文，不可指名道姓，他叮嚀著我說。

　　多虧友人住鄉下才有機會養雞，父女這份情很可貴，在臺北現成的月子中心，要先預約，住十天半月至少也要花上幾十萬，時代不同，傳統母親為子女媳婦幫忙坐月子已不再，父母省事寧願花錢送往護理中心，我寫此文是分享友人養雞故事，也表揚他有這分愛心，現代父母能做到幾兮，您說呢？

2016.10.26

48　樂學歌舞

　　年近七十學唱歌、學跳舞，這是身心快樂的學習。四年前因緣際會下，同時參與台大退休聯誼會歌唱班，亦參加復興崗14期同學於士林公民會館成立的國標舞班，每週有二個上午學舞，每月有兩次學歌唱，見見老同學、老朋友，不亦樂乎。

　　憶102年底，由台大退休聯誼會陳理事長福成發起，成立「台大退聯會合唱團」，團員19人，每月單週二次在退聯會辦公室練唱，104年10月1日經全體團員一致通過改名為「台大退聯會快樂歌唱班」，104年12月，班員人數增加至24人，退聯會辦公室場地略顯擁擠不敷使用，105年1月起，改為每月雙週二次在綜合體育館教職員工活動中心練唱，目前班員增至52人，其中90歲以上1人，80-89歲1人，70-79歲11人，老當益壯的學習令人佩服。教唱由邱淑美老師一句句、一段段重覆教學，配合卡拉OK大銀幕練唱，大家學習興緻高昂，進步神速，截至目前已教唱近五十首。

　　舞班成立於102年11月，由一組男女同學義務免費教學，他們分別有二十年以上學舞經驗，配合中華舞蹈協會示範教學影帶，邊教邊學，相互切磋研究，真正達到教學相長。惜當初幾近二十名學員，四年來減少到一半，學舞對我們年齡稍長者來說，很易遺忘，學新舞步忘舊舞步，大家當成運動，沒有學

習壓力，反而輕鬆自在。四年來反覆學過 Slow 探戈、英式探戈、倫巴、恰恰、三步、六步吉魯巴、華爾滋等，雖非國標亦有其姿勢。老來學舞要講求標準很難。

　　學唱、學舞雖有動靜之分，其實是兩者兼備，唱歌牽動身體五臟六腑，丹田之氣加上肺活量，是最好體內運動，跳舞雖運動四肢要配合腦力熟記舞步，身心都有活動，之故動靜皆具。參加團體學習有制約激勵作用，是有些勉強但久之成習，我鼓勵退休的人，多參加歌舞，除可防止老人毛病並有益身心健康，最重要是帶來快樂的好心情，您不妨來體會？

2016.10.29

49 詩人台客

　　詩人台客，從就讀大學時期即熱衷新詩，並嚐試創作，至今創作年齡已逾四十年。出版有詩集、詩論集、散文集等十餘本。台客創作的詩風偏向明朗，期望他的詩作類似唐朝詩人白居易，老幼婦孺皆能讀懂。台客主編《葡萄園》詩刊長達二十餘年，由於擔任主編的關係，認識了很多海內外的文友，尤其是大陸詩友。台客近二十多年來，每年也經常前往大陸作詩歌交流活動，在大陸享有一定知名度。他曾自豪的說，只要到中國大陸任何一個大城市，都能找到接待的詩友。當然，禮尚往來，近些年來，大陸詩友來台，只要通知台客，他也熱情接待。這是我認識的廖振卿（台客）

　　認識台客是因緣於福成兄，我們於 2011 組成金秋六人行參訪大陸，首站到河南鄭州，受到當年鄭州大學文學院教授樊洛平及單占生教授接風，孟彩虹女詩人的熱情接待。才知道台客在大陸的名望，到了河南洛陽，看到許多詩友仰慕其人前來相見並宴請，這分以詩會友的交情濃鬱，令我感動。台客的詩風偏向明朗，讓人讀了很容易理解，並進入其詩境。這是他現代詩的特色，不像有些人寫的抽象，意境難懂。近期我組團遊太平山，看他描述旅遊心情，參與同仁，人人都能意會其情境，

可見他詩文言簡意賅的精練。

　　今年我接任中國全民民主統一會會長，特別聘請台客擔任顧問之一，將來參訪大陸，他的詩文都是兩岸文化共同的題材。他在二、三十年前筆的隊伍已「插旗」大陸，文化思想力量是無形的，亦是無聲的戰力，可預期兩岸的統一是必然，我樂見。

2016.11.01

50　八十壽喜

　　一個多月前，得知高雄三堂哥要過八十大壽，我即邀請大姐大弟共襄盛會，一來可以見見高雄諸堂兄弟姐妹，二來可以促膝歡談別後，雖南北相隔很近，但彼此見個面是要刻意安排，今逢三哥八十壽宴，席開六桌，由子女三人安排為父親祝壽。把握難得的機會，可以同時相見眾多堂兄弟妹們，上午我們姐弟三人搭高鐵南下高雄，感謝照男五哥於左營高雄來回接送。

　　父親有五個兄弟，祖父早逝，二伯父較父親年長十歲，長兄如父下，從父親當年年輕讀書到結婚，都是在二伯父鼓勵安排一路走來，記憶中父親與二伯父一家往來最親，兄弟感情最好，諸堂哥終身大事二伯父必與父親共商，幾位堂兄對父親尊敬有加！這份叔侄情深亦影響第二代的我們，堂兄弟姐妹理所當然的情感交流特別深厚，尤其我們姐弟三人，感受最深。至今幾位堂哥嫂都可以喊出我們姐弟孩提的乳名，那是逾一甲子濃濃的這分情。

　　親切的分別與堂兄弟妹合照，我特 PO 上此文圖，這是珍貴的留念。如今大哥二哥三哥都已年逾八十，精神尚佳，一生從事教育工作，三位都是校長退休，子女成家，事業有成，我們齊聲祝福，大家身心康健，樂享晚年。今天美中不足的是臺北柏林一家缺席，我們分別與十位兄弟合影。

2016.11.05 寫於新祥三哥八十壽喜。

51 電子收費

　　記得十多年前在臺北停車，見識全自動化機械式停車取車服務，當時很驚奇電腦作業的流程完全能取代人力，如今十幾年過去，發現一般大廈也普遍有這樣服務的設備，此乃電子科技帶來生活的便捷。

　　ETC 國道計程收費的實施，多少收費站的員工及收費員面臨失業，交通部與民間公司產生勞資糾紛，花費幾年及龐大的支遣預算，才平息抗爭，這是電子行業最近的工業革命。電子科技運用在大型停車場又一創新，週前搭高鐵到左營，照男堂哥開車進高鐵立體停車場，離開時不知如何繳費，詢問下才知道在繳費機電腦銀幕按上車牌號碼，即顯示何時進場、何時離場時間，完成繳費取回收據，進場出場靠電子埽瞄照像，免取卡或代幣，不會有誤。

　　如今許多智慧型大樓停車設備，採電腦作業，只要操作無誤，您停車取車在幾分鐘內即可完成，不必親自停駛，對住戶帶來更多的方便。亦備有訪客車位，管理員代您服務。臺北諸多立體停車場都走向無人力 24 小時電子服務。臺北市許多停車場可以悠遊卡計時計費，可免按鈕繳費之操作，是一大福利。

2016.11.10

52 疏離情淡

　　即便是親情、愛情或友情，一旦疏離，情必淡。遠親不如近隣是大家認知的事實。團體老友的定期或不定期聚會，是維繫情感旳基石，親情如此，友情更是，唯有情愛是需要持續不斷經常的見面，不離不棄，終始如一，因此老朋友亦要常相聚。

　　近卅多年來，我先後參加興隆網球隊與長春高爾夫球隊，前者長達 20 年，後來地緣疏離而散會。後者亦有 12 年，卻因球隊解散，球友亦難得相聚見面。數年前我們再度成立網球老友會，約定每半年聚餐一次，特續老球友交情至今，高球隊因不打球，情自然也淡了，目前球友難得在喜宴上碰面敘舊而已。

　　我們在 Line 成立許多群組，因智慧型手機，聯繫方便，增加許多聚會。目前有至少有五個以上群組定期或不定期的聚會，感情與日俱增！最好的一群是士林社大心靈哲學班同學，每月聚餐乙次，八年來未曾間斷，大家都期待相見歡敘。個人打了二十幾年的麻將，四年前因忙於同學部落格，退出牌會，如今牌友亦難相見！唱歌跳舞亦如是，不參與不見面，情疏友誼就淡了。團體中要有熱心人士出面邀集，才能常相聚會。如今大家都退休，老友相見是要刻意安排，每見面一次就多一次歡敘，豈能不珍惜。

2016.11.11

53 健康首要

　　人的一生追求功名富貴，晚年求得名聞利養。從小要努力讀好書，將來家庭事業才有所成就，等到退休之後，完成此目標，才知道這些是身外之物，到頭來體認唯有健康的身體最重要。年輕時大家身強體健，不知病痛之苦，年紀大了，身心疾病纏身，才明瞭健康最可貴！老了生病有錢請人照顧，就怕老了無力生活，生病無人照顧很痛苦。政府推動長照計劃，保障晚年老病照顧問題，這是社會未雨綢繆的福利。

　　人一生中，活在競爭比較中。從小比功課、爭成績；考上高中後，比誰考上好大學；大學畢業，讀研究所再攻讀博士，高學歷可以謀求高所得；好職業，待事業有成令人羨時，卻失去了健康。晚年病痛隨身，檢視一生，不無遺憾。有錢不愁生病有人照顧，沒錢生病，痛不欲生，之故晚年健康是首要。

　　在公園；看到外勞推著輪椅坐著癡呆的老人，到醫院；看到許多生病看診排長龍的患者，在在警惕自己，健康很重要。現在有人說：

　　50 歲的人，是籃球，一家人都搶，帶錢來當保姆能侍候人。

　　60 歲的人是排球，還能用的上，保姆工作做不完。

　　70 歲的人，是足球，給你吧，我不要，給他吧，他也死不要，孩子大了你也老了，誰都不想要。

80 歲的人是高爾夫球，一竿子甩出去，愛死哪就死哪去吧！

所以說，五、六十歲的人都長點兒心眼吧 ，更要長點心，不要讓歲月摧殘了你，想買什麼就買什麼，想吃什麼就吃什麼，想出國旅遊就去不要猶豫！也不要捨不得了。要知道，你轉眼就成高爾夫球了。下則引用樹雲同學故事：

一富翁很有錢，但捨不得佈施救濟窮苦的人。一和尚向他化緣，和尚坐在街道旁，請富翁在對街觀看。和尚在地上放了一枚銅錢，人來人往，沒人敢拿他面前的銅錢。和尚把眼睛閉起來打坐，過了一段時間，再睜開眼，銅錢已被人拿走。和尚對富翁說：睜眼（活著）是您的，閉眼（死掉）是別人的。富翁頓悟。

2016.11.16

◎現今最潮的句子！

*不要炫耀你的錢，在醫院那就像紙；

*不要炫耀你的工作，你倒下了，無數人會比你做的更出色；

*不要炫耀你的房，你去了，那就別人的窩；

*不要炫耀你的伴侶，你離開了，伴侶的手就握在別人手裡了！

*你唯一可以炫耀的是你的健康：當別人都走了，你還可以曬著太陽，喝著茶，享受著健康的生活。

請善待自己，因為零件不好配，價格貴還沒貨……

——所以健康無價！

54 心想事成

　　川普終於風光打贏 2016 年美國大選，一圓 30 年前就在心中萌生的總統夢。以「心想事成」來證明潛意識力量是可以如願實現。看看川普大事紀，早在 1988 年就首次計畫參選總統，時年 42 歲，到 2004 年第二度有意參選總統，2012 年第三度有意參選總統。有了三次意願，2016 年在他 70 歲之年，終於當選上美國總統，這是潛意識力量支撐著堅強的意志力，才能畢竟其功，也印證有願就有力此語。有願有力，不論多大的毅力和願力都起於一念心，正所謂有心就有願、有願就有力，有力就可實現願望。川普如願當選就是最好的例證。

　　我個人印證潛意識在職場上有不可思議的力量，舉例分享如下：

其一：民國 57 年畢業分發部隊前，到鳳山陸軍步兵學校接受半年初級班訓練，58 年到部隊歷練排長、連輔導長，四年期間，駐地先後移防后里、苗栗大坪頂、中壢雙連坡、金門山外，62 年元旦得以輪調母校服務，因害怕移防想求安定的念力，才能激發潛意識力量的實現。

其二：在母校能服務長達 21 年之久的願力，亦是不願到部隊過那不安定的生活，怕吃苦亦是原因，個性使然，擔任隊職亦很苦，但總比部隊安定，在研究班八年教學相長，

亦我所樂。

其三：羨慕大學軍訓工作的輕鬆安定，一直嚮往那份錢多、事少、離家近的好差事。前後有八年時間才得如願。早期上校要轉任，各單位保薦即可，後來要經論文考試通過再參加試講，終能突破難關順利考取，這分願力得以實現。

　　1963 年出版「潛意識的力量」是美國作者約瑟夫墨菲探究宗教與思想的奧祕，我深受此書影響，並以此題演講多次，廣為傳播，且深信潛意識力量的無遠弗屆。川普能當選美國總統，應是腦海裡那股潛意識激發的力量吧！

2016.11.18

55 大崙尾山步道

　　標高 451m、里程 6km，08：00 在故宮博物院公車站牌準時集合，終點在翠山步道解散，我 11 月 20 日上午參加台大登山健行活動，今年完成八次健行，可領績優獎品衣服乙件。很慚愧一年才勉強參加八次，很佩服許多同仁每週參加，一年高達四、五十次，另有每週六即參加 B、C、D 耗體力或高難度行程，登山健行已成了他們生活的樂趣。

　　上午八點正，我們山友在領隊徐教授年盛的帶領下，沿至善路二段 266 巷進入，遇 260 巷左轉，經劍南路，再循圓明寺右側石階而上。一路上因爬石階，曾休息兩次，沿著山上小徑，只能容身一人而上，幸不太險峻。一夥人接上大崙尾山步道後，順著步道爬至山頂，繞出翠山步道費時約兩小時，今天天氣涼爽適宜健步，有六、七十人參與。

　　參加台大登山社十幾年，平時只以健走為主，高難度 B、C、D 登山行程未曾參與，考量體力及膝蓋運動傷害，非再年輕，有感自不量力，因體力是不能勉強。我很敬佩八、九十歲的幾位教授，很少缺席仍勤於參加，幾十年下來的堅持，讓他們健康如昔，這應是健行帶來的益處。參加台大登山社編號 1186，目前已編到 1515 號，可見登山者眾，在職或已退休的教職員工，大家走出健康，為健康而走，可敬、可佩、可喜。

2016.11.23

56 同賀生日

　　早二十年前，許多友人還慶祝六十大壽，如今只有八、九十歲者才做壽，可見國人平均壽命都提高。很巧的發現，大弟今年國曆生日那天，正是我農曆生日，那是多少年後，才會輪到同日我沒研究，好友知悉一定要為我們慶生，恭敬從命接受，一瓶宜蘭名酒 KA VA LAN-WHISKY（700CC）在好心情下竟然可以盡興不醉，足見喝酒要有好心情。

　　談到慶生，父母在子女孩童年代總是要買蛋糕、禮物討他們歡樂。成年以後大多數同學好友一起慶生，找個理由聚會歡唱。年紀漸長，過生日的氣氛漸淡。子女回頭為父母做壽，有回報養育之恩，但通常是八十大壽以後。再過些年，人口老化，百歲人瑞比比皆是，則不足奇。

　　時代在變，潮流在變，時空環境轉變下，價值觀亦改變！生日是母難日，何來慶賀？應感念母親生育之苦，養育之恩，是感恩的日子！人人在生日那天，思念父母才是孝心的表現。

2016.11.24

57 一筆好字

　　好友錦璋同學，從學生時代即練得一筆好字。畢業後更加勤練精進，無論是硬筆字、毛筆字，字跡筆劃工整，也正代表他個性正直坦誠、做事認真負責的態度。他在歷任職場，無不受到部隊各級長官、文學校董事會、校長及退輔會、員山榮民醫院……等單位首長的賞識、同儕的敬重、部屬的尊敬，為人處事守正不阿，加上他常識豐富，與之論事頗有幾分幽默與風趣！他常說「友如作畫須求淡，文似看山不喜平。」套在他一筆好字，在事業人際關係是有加分的。

　　錦璋兄六十三歲從員山榮民醫院社工室主任退休，仍然不忘終身學習，即追隨謝朝清教授學習標準書法，八年來每週上課二小時，在家修習時數更超過二十小時。謝教授每於上課都一一指正上週學生所繳交的作業，並且不時提示運筆之道：「逆筆藏鋒、計白布黑、無往不收、跌宕生姿」，才能充分表現草書之美。

　　目前謝教授這個書法班共有 33 位學生，老師批改作業是逐字逐筆矯正，課堂上一一解說。有這樣的老師，學生焉能不進步？光是去年一整年，參加全國各類書法比賽，師生得獎人數入圍作品至前三名，優勝獎等便超過 45 人次，成果輝煌。錦璋兄作品亦曾在 2015 年參加中華民國書法學會舉辦之甲午公灣書

法年展榮獲國父紀念館展出二週，也曾經參加全國政大盃硬筆字比賽獲得優勝獎。

　　時空環境改變下，如今年輕人很少書寫，鋼筆、毛筆被原子筆取代，電腦打字剝奪他們寫字練習，許多人忘記如何提筆，世風日下是把書法變成了藝術。大家不重視就荒廢了，實在可惜。如今退休有閒，每天練習書法數小時樂此不疲，他告訴我此事實，更加佩服其毅力恆心。特為文分享。

　　註：文中部分資料謝謝錦璋兄提供。

58 群組之弊

　　最近忙，疏於提筆，小品文暫擱置，好像缺少那分生活的充實。Line 群組人數少者數十人，多者一、二百人，每天有看不完的資訊，選擇所愛，愛所選擇是我的原則，但見群組人多，利多但產生的爭執是非亦多。

　　有感人多意見多，從群組可見端倪，必須靠圓融的智慧加上管好自己情緒做起。別人發表意見不合您意，或您的見解看法受到批評指責，首先要心平氣和，靜觀其變，此時「沉默是金」。如果您加以辯解或批評，必立即帶來無休止的爭論，彼此傷了和氣。我以為少批評、少指責、少爭執、少埋怨才能和樂。同學因彼此最瞭解，亦是爭執最多，誰也不服輸，我看到他們交相指責，是彼此不尊重惹來，若能退一步，必能海闊天空，因此說話圓融就能化解情緒激動，少說一句話就能平息風波。

　　避免爭執，要學會少言，言多必失，禍從口出！我們花了幾年才學會講話，卻要用一輩子學會何時該說，何時不該講。看到社會亂相，國會爭吵，都是言語衝突引起，可見管好自己言論多重要，尤其人多意見多的場合，我保持少言。最近看到群組許多的爭論，個人淺見有感而言。

2016.12.07

59 慶生有感

　　年紀愈大愈不喜歡過生日，好友知道您生日，總要找個理由，邀宴慶祝，婉謝之餘，盛情難卻，也欠一分情。很巧，今年農曆生日與大弟國曆同天，友人請吃了飯，國曆今天我生日，又與友人吃了大餐。話說資訊時代，生日之前臉書、伊媚兒、及 Line 就公開提醒親友，今天是您友人的生日，請為他說幾句祝福的話，於是接踵而來的是請安祝福。網路資訊無遠弗屆，您生日要保密、要低調都難。

　　話說回來，為人父母，子女孩提時，總不忘為他們買生日蛋糕、買禮物，全家慶賀！曾幾何時，父母年長了，子女長大了，亦不忘給父母慶生。猶記得，早在二、三十年前友人六十大壽仍邀宴慶祝，如今大家都長壽，八、九十歲才過壽慶生， 幾十年的社會變遷有如此區別，感慨是高齡社會下，人人比以前長壽。可喜可賀！

　　今上午參加台大退聯會歌唱，總幹事志恒小姐早在 Line 群組公佈今天是我生日，進場時又以麥克風宣佈，制止都來不及，只好接受大夥的祝福 ，個人生日驚動大家心裡實感不安。今士林舞班缺席，同學紛紛傳 Line 慶生。也只好一一道謝，這都是親友一片好意的祝福。

　　為何現代人不喜慶生？因為平時經常有喜慶應酬，如生日

還慶祝大吃大喝，有礙健康。又聽說您敲鑼打鼓慶生，會驚動掌管生死的閻羅王，查閱您的壽辰，許多人就被點召報到，雖是笑話，不無警惕。

2016.12.08

60 快樂學習

　　積數十年來個人生理時鐘，習慣早睡早起，讓晨起的自己，比別人多出兩三小時的時間。在電腦前收到好友的問安，每天彼此的祝福，感恩新生命的一天，喜悅分享資訊學習。說真的，網路資訊包羅萬象，選擇取捨所愛，讓自己沉澱、放空、學習、精進、成長。除了閱讀也激發靈感，隨筆小品因應而生。

　　有人說，大眾媒體的電視報紙是思想污染源，我認同，因為每天看到的負面消息加上政治漫罵的口水，讓社會感染到憤怒與仇恨。人們本然的善良與慈悲心不見了，幼小的心靈被染汙了。我喜看動物星球頻道及宗教台，如人間衛視、大愛、華藏、華衛、正德，講經說法，傳播正見、正思惟、正念，這些都是心靈昇華的正向能量。思想觀念有傳播性、排他性，就怕不好的思維不斷地擴散，好的宗教信仰值得宣揚，不好的歪道邪說就要排斥，如何選擇傳播或排斥靠智慧！

　　學習新知亦然，許多有益身心的活動可以參加，如社團公益活動、健康講座、知性之旅、登山健行、才藝歌舞、球類技能等，對身心健康有益多參與。活到老學到老的人，才是有活力、有朝氣、有希望的人生。每天新知最易獲得是網路資訊、閱讀，生活知識要與時俱進，您才會趕上時代的潮流，不孤陋寡聞，您說是嗎？

2016.12.10

61 群組族群

　　前文寫群組之弊，得到許多友人的回應，贊同我所說：「少批評、少指責、少爭執、少埋怨」才能和樂相處。有人說群組非群族，本來中文許多通用語句，但仔細探究，此兩字仍有區別。藉此文說明之。

　　一般在網路資訊 Line 稱之群組，如用在網路之 FaceBook（臉書），影視音如（youtube）稱之族群，前者是一群同學或同好的登山好友、球友、舞班同學，共同成立群組，人數從數十人到百人不等，一通資訊在 Line 發布，即可通知大家，確實比電話連繫更為快速方便！如要辦活動或餐會，一呼百應，這是群組的方便。相對的議題討論，可以透過群組表達意見，取得共識，但亦有不同見解產生的爭辯，彼此傷了和氣，整體說來是利多於弊。瞭解人多意見必多的必然，我以「少言、多看、多聽」自勉，則可避免爭端。後者範圍較廣，如昔日電視教學，為統一內容進度，聘請學者專家先行錄影，期以說法觀念一致，教學一致，如今國際會議，可以同步視訊進行，人不必集中在某國某區，與會人在自己國內，即可以參與會談，免往返勞車之苦，省時省錢又省力，此乃網路群族經濟效益最大公算。

　　總結說；族群是指一群人，他們認為彼此共用了相同的祖先、血緣、外貌、歷史、文化、習俗、語言、地域、宗教、生

活習慣與國家體驗等，因此形成。族群可以指民族或種族，也可以指具有相同語言、行為取向、地緣、祖籍、文化背景或宗教信仰的群體，屬於文化人類學或社會學概念，用之於視訊稱網路族群。而 Line 群組狹義只指利用智慧型手機或電腦，彼此動態消息分享的平臺，方便彼此聊天，現代人人喜歡加入群組，如此區分，不知個人淺見是否得當？

2016.12.12

62　《詩是核彈》讀後感

　　欣見《詩是核彈》一書詩稿，我認識這三位作者是有因緣。福成兄是二十幾年來台大的老同事，觀生兄是我復興崗的大學長，台客兄在六年前因福成兄邀約，組金秋六人行，同赴山西、河南參訪文藝界的友人，建立了良好的互動關係，我們成為群組的好友。

　　拜讀此一時勢品評諷喻集一書，內有第一輯台客 68 首，觀生學長 68 首的回應，二輯福成兄 20 首。我對他們熱愛中華民族文化的精神，致上萬分的敬意。他們的詩寫實了當前政府政策的弊端，提出強有力的批判，百姓們對執政者的期許。「詩是核彈」一書，篇篇精彩，可讀性很高，目前尚未付梓，我先睹為快。

　　台客的詩風偏向明朗，每首以四段十六行書寫，易讀易懂；觀生兄的七言現代詩，回應相得益彰，福成的詩評國事，語帶幽默諷刺，讀來大快人心；他們三人詩風各有特色，文筆熟練、言簡意賅，人人進入意境、都能心領神會，達到下筆的文宣效果。

　　近月來，台客每完成詩作，即分享個人 Blog 暨 Line 群組，成千上百點閱率，深獲佳評，深信以他們三人在中華文藝學會

創作的知名度，此詩集將來如出版，必能獲得廣大讀者廻響，我們且拭目以待。（補記：此書後因不可說的原因胎死腹中）

2016.12.16

63 手錶懷思

　　友人送一支電子錶，存放十幾年未動過，到鐘錶行換了新電磁，幸還可以使用，使我回憶今昔手錶的迴然不同，目前很少戴手錶，大多數人是美觀虛榮心，現在以手機查看時間及記載行事曆很準確又方便，手錶功能已被手機取代。

　　話說民國 55 年生平第一次用自己薪水，買了一支手錶，當年二年級軍校學生每月薪資可領 85 元，為了買支手錶每月存 50 元上會，10 個月標了會款 500 元，買了一支日本星辰錶，至今印象深刻，民國 66 年到臺北金生儀博愛店買到最便宜的瑞士仙度士自動錶，也要花將近一個月上萬元薪水。可見當年手錶是生活的奢侈品。如 HERMES、OMEGA 或 ROLEX 名錶從幾萬元到幾十萬，鑲鑽或純黃金打造，幾百萬有之，這是有錢人身份地位的表徵。

　　如今便宜又美觀的電子錶從百元到數百元，到幾千、上萬元不等，這是科技產品量化的競爭產物。當然瑞士名錶價格一直居高不下，為迎合達官貴婦的需求，又可投資保值，是時空環境不易改變的經濟價值。其時手錶的真正功能就是時間準確。如今電子錶手機都可取代，以上手錶懷思歷經五、六十年的變革，相信同一年代的人都有此感慨。

2016.12.17

64　祝福請安

　　每天晨起先打開電腦，手機上的 Line 有前一天的晚安，晨間的文圖問早道好，我心懷感恩，要花時間一一回覆。網上的友人多達數百，群組二、三十個，這些都是零距離交流，無遠弗屆的國際聯網，已打破國界的藩籬，豈是十幾年前的科幻夢想，如今在生活中實現，成為人人不可或缺的依賴。

　　Line 資訊可連線電腦，臉書 Face-Book、WeChat 電子信箱等通信，如此多功能的互聯網，朋友問早道好的資訊文圖，除了自我學習，還能分享！每天友人平安祝福，彼此仿如相見面的溫馨，臉孔一一在腦海中出現掃描。雖只是問候請安，卻有深層的意義，代表友人平安無恙。

　　每天坐在電腦面前，是知識、常識來源的饗宴，雖然要花費數小時，但從中獲得的珍貴影片、人文、地理、歷史、景觀等，是書上以外的寶貴資源。我個人如是有感，相信許多愛上智慧型手機的朋友亦是其因吧！

2016.12.22

好喜歡這段話，轉發大家分享：

再過若干年，我們都將離去，對這個世界來說，我們徹底變成了虛無。我們奮鬥一生，帶不走一草一木。我們執著一生，帶不走一分虛榮愛慕。今生，無論貴賤貧富，總有一天都要走到這最後一步。

到了天國，驀然回首，我們的這一生，若是不想形同虛度，從現在起，我們要用心生活，天天開心快樂就好。

三千繁華，彈指剎那，百年之後，不過一捧黃沙。請善待每個人，因為沒有下輩子。一輩子真的好短，有多少人說好要過一輩子，可走著走著就剩下了曾經。

又有多少人說好要做一輩子的朋友，可轉身就成為最熟悉的陌生人。有的明明說好明天見，可醒來就是天各一方。

所以，趁我們都還活著，有愛時就認真的愛，能擁抱時就擁入懷，能牽手時就不放開。能玩的時候玩，能吃的時候吃。請好好珍惜身邊的人，不要做翻臉比翻書還快的人。互相理解才是真正的感情，不要給你的人生留下太多的遺憾。

再好的緣份也經不起敷衍，再深的感情也需要珍惜。沒有絕對的傻瓜，只有願為你裝傻的人。原諒你的人，是不願失去你。真誠才能永相守，珍惜才配長擁有。有利時，不要不讓人；有理時，不要不饒人；有能時，不要嘲笑人。太精明遭人厭；太挑剔遭人嫌；太驕傲遭人棄。

人在世間走，本是一場空，何必處處計較，步步不讓。話多了傷人，恨多了傷神，與其傷人又傷神，不如不煩神。

一輩子就圖個無愧於心，悠然自在。世間的理爭不完，爭

贏了，失人心；世上的利賺不盡，差不多就行。財聚人散，財散人聚。心幸福，日子才輕鬆；人自在，一生才值得！

想得太多，容易煩惱;在乎太多，容易困擾;追求太多，容易累倒。

好好珍惜身邊的人，因為下輩子不一定能相識！好好感受生活的樂，因為轉瞬就即逝！好好體會生命的每一天，因為只有今生，沒有來世。

獻給所有的人們吧……。

65 珍惜有愛（一）

　　喜愛的物品，不斷的買，家裡的茶壺、書、鞋、衣帽、太陽眼鏡、鋼筆、相機等用品，愈來愈多！逐一清理，只是生活的附帶必需，使用之後，有一分特殊的情懷，捨不得丟，就保存至今。以下略述。

　　一、茶壺：剛退休有閒暇泡茶，陸續搜集許多大陸茶壺，宜興紫砂壺有名，有些雕刻字畫賦詩詞，亦有美美陶瓷花卉，附加價值就高，名貴者價格不菲，昂貴者非我所能買！友人每年訂製名人手拉胚壺，我有幸是受贈者之一，擁有此情此壺可貴，惜友人年前離世，如今睹物思情傷情。另一印象深刻是，二十幾年前到珠海旅遊，順道一遊國父故居，廣東翠亨村，在公園買了一組茶具，鑲有貝殼，約兩公斤重，甚討喜！不辭辛苦，提回台灣，當時當寶，如今很少使用。

　　二、太陽眼鏡：太陽眼鏡亦是我所愛，丟掉有之，不小心損折有之，常需購買。目前我常用有兩支，大太陽帶純墨鏡片，平時帶變光鏡片，夜間仍能佩戴。戴墨鏡除了防紫外線護眼又防風、防沙，一舉數得。好的太陽變光鏡從數千元到一、二萬元，國外名牌貴達數萬元有之。

　　三、帽子：帽子亦我所愛，有紀念性的團體帽，如登山會、球隊、同學會、校友會專製，因是日常所需，常常遺失或損壞

不易保存！昔每出國就會選購當地代表性或有持色的帽子，台灣許多風景名勝區亦賣些紀念帽，買之代表您曾來此一遊。如今許多人都擁有多頂帽子。

四、書報：習慣買書必註明時地，寫上年月日及價格，四、五十年前物價可以從書價看出端倪！買書記錄些生活回憶，如今書櫃擺設愈來愈多，不同情境看書，有不一樣的體會，擁有美好的回憶。目前尚保存三十幾年前剪報資料，憶當年假日經常在學校留值，有較多時間剪貼書報，雖已泛黃，偶而翻閱，亦很珍惜，如今電腦方便儲存資料，剪貼成了憶往。

2016.12.24（待續）

66 珍惜有愛（二）

五、鞋子：可分皮鞋、球鞋、舞鞋、休閒鞋、高爾夫鞋，休閒運動鞋又可細分慢跑鞋、網球鞋、登山鞋、藍球鞋、橄欖球鞋，一般不人不會太講究，一雙球鞋代替以上運動，目前球鞋製作講究人體運動功能學，如氣墊學走路有彈性，另有矯正脊椎的電子鞋墊，要價數萬元一雙，許多人為健康而買。年輕人為時髦追求名牌，排隊搶購有之，整理家中鞋子，多達數十雙，未損卻捨不得丟棄，因珍惜曾經擁有的一分情。

六、皮帶皮夾：這是男人必需用品，皮帶要塔配褲子顏色，亦要講究真皮質料，附帶每天使用皮夾是整組販售，百貨公司打折亦要三、四仟元，算是男人捨得花費的開銷，一生中友人相贈，團體訂購紀念品亦少不了它，於是每人有許多皮帶、皮夾。聽說男人看皮帶、手錶、皮鞋三樣佩帶可看其身價。

七、西裝領帶：訂做較合身但比買現成要貴許多，幾十年的衣櫃堆滿多套西裝，領帶亦不計其數，退流行就擱置，因惜情而留。二、三十年前訂製的西裝，退流行，質料再好也不穿，因太在乎別人觀感。

八、相機：一向喜歡照相，買了單眼相機，這些年卻被數位相機取代，兩年一換的新科技電子產品，是流行不可擋的媚力。然相機亦隨智慧型手機取代而沒落，手機立拍立傳之便，

即刻分享，確實帶來生活很大方便。

　　以上略述愛的珍惜，是個人情感的認知，因對事物產生那分難捨的情，造成執著的一分依賴，佛家所言三毒「貪、瞋、癡」是也。原先以「愛的物件」命題，經友人回應「物討人喜，因為有愛」，覺得凡事有愛最重要，從善如流，將題目更改。

2016.12.26

67 理髮憶往

　　頭髮是人一生中甜美也是痛苦的罣礙。仔細回想，不同年齡有不同的煩惱與感受，老了禿頭或滿頭白髮，對男女美觀有礙，男人要經常理髮，女人要不斷地髮型設計變化，是金錢與費神美麗的負擔，想必大家都不否認吧！

　　印象最深刻是讀小學，母親會定期用剃刀為我們兄弟理髮。當年是痛苦的，現在是甜美溫馨的回憶。進了初、高中才走進理髮店修剪，不再忍受剃刀下的疼痛。從前用手推剪，如今用電推剪，很大的改變。讀了幹校，每週理髮一次，雖不合理，但大家也都能服從適應，從一、二年級的三分頭，升三、四年級的小平頭，大家都很期待，髮禁一直是軍紀的表徵。軍人服裝儀容要整齊劃一，從頭髮上要求，後來我回母校擔任隊職，以身作則先理好標準帽沿下三公分，再檢查學生頭髮。如今回憶是服從上級命令，沒太大意義，不知今天軍中髮禁是否放寬？

　　前些日子參加台大健行，路過當年常去的新容理髮店，姜老闆還記得民國 53 年 9 月，父親帶我到復興崗報到，為我剪成光頭的往事。聊起他從 16 歲開業理髮至今已 64 年，年逾 80 仍每天為客人理髮。有一技之長，為他賺了幾棟房子，養兒育女都已成家立業，每人都給一棟房子，這是客家勤勞刻苦的成果，

也是他親口告知！我說要為他寫篇文章，他為復興崗子弟理髮逾一甲子，相信許多人都認識他。

2016.12.28

68 一生的執著

　　職業無貴賤，可貴是堅持一生執著的行業，終必有成，在分工極細的社會，您從事的工作，只要有利社會人群，終必受到肯定！多少人靠一技之長，成就家庭事業，這就是那份堅持幾十年，無怨無悔的工作精神，亮麗他的人生。

　　前文提到從事剪髮的姜先生，六十幾年來從事理容的堅持，為子女成家立業付出，每人送一棟房子，令人羨慕。本文要提到社大謝同學，當年小學畢業即跟隨他開牙醫診所的大哥拜師學藝，學專業鑲牙、精工美齒長達五、六年。初中畢業服完兵役，即赴日本大阪齒科學院深造，學到更精湛的技術。返國即開設牙科診所，配合所學理論加上數十年臨床經驗，自認實務經驗是書中不及的，每年都參加牙醫公會研習，持續不斷地再職進修。也參與社大許多課程，如易經、命理、養生等，彌補了他有形學校教育的不足。牙科診所經親朋好友介紹，口耳相傳，醫療技藝深獲好評，此乃堅持一生的執著，成就志業，如今開業已逾半世紀。可見從事任何行業能堅持始終如一很重要。

　　日前到市場買滷味，見老闆與顧客聊天，仍能持刀切肉而不擔心傷手。他告知：服完兵役即從事此行業，轉眼已 36 年，站在旁邊的年輕人是他兒子，準備交棒，看來父傳子學會一技

之長。始終如一的行業，在現今一職難求的社會，站一席地位。謀生靠知識有之；靠學識有之；靠一技之長有之，重要的是您的才識學能為別人所需，能為社會貢獻所用，俗說「行行出狀元」，一生從事何種行業是您的選擇，能無怨無悔，始終如一，必能有成。

2017.01.04

69 健保福利

　　過了 70 歲，在心理上要守住年輕，但生理上要承認老化的事實。體能機能上已大不昔，許多運動會帶來傷害，不可逞強。如登山健行、上下樓梯、搬運重物，不小心走路摔跤，都容易造成運動傷害，不可不慎。

　　久坐電腦前，傷眼又傷骨，腰酸背痛，起身走動就好。但閃腰之痛，非即刻改善不可。日前腰不適，只好求助醫療，陽明醫院距家百公尺，前往掛號求診甚為方便。今早花了兩個多小時完成門診，照 X 光片、批價、取藥再做復健，幸大夫告知無礙，建議做復健物理治療六次療程，短波及經皮神經刺激兩項約半小時。我如是聽命，竟發現三樓復健二、三十床人滿為患，體會到無病痛免於求診的幸福。

　　門診費用收據千餘元，醫療費用只自付少數金額，才知道健保給付支出的龐大！人在福中不知福，台灣的醫療是世界少有的，許多慢性病者每月取藥，健保醫療費是可觀的！年老健康，除可以減少政府醫療資源，這是個人福利亦是社會之福，其實是子女之福，自己之福。

2017.01.09

70　給人歡喜

　　星雲大師人間佛教的四給：「給人信心、給人歡喜、給人希望、給人方便」，這簡短的幾句話，果能在生活中實踐力行，則不難做到您是最受歡迎的人，因予人正能量的激勵。

　　我有機緣參加許多 Line 群組，好友三不五時相約，不定期聚餐、歡唱、旅遊，這是給予的或被給予的快樂，成了大家所期待的。值得一提的是「芝山悠遊會」，因地緣之便，我受邀參加每月第二週星期二下午的聚會。這是以影劇系學長為主的歡唱會，成立六年多來，我亦參與兩年。鄭學長家裡一套不亞於卡拉 OK 音響的設備，提供了我們快樂歡唱的好場所。大家都逾七十，喜唱老歌有之，唱新歌亦有之，幾年下來人人都練就了數首拿手好歌！主人告知，每首歌他必練二百遍以上，學唱敬業精神令人敬佩。此盡情歡唱的機緣，是熱忱的主人給予的。

　　每月四週，每週都邀請因緣相識的老友，有初、高中及大學同學、有影劇系同學及學長，他的用心費心促成老友的相見，大家感激於他的盛邀下，連繫老朋友相見歡的情誼。主人事前準備茶點，事後收拾整理要花費時間，給人帶來快樂歡喜的心情，不在話下，此乃眾樂樂之典範，值得表揚。

2017.01.13

71 精神糧食

　　精神糧食應該是指可以支撐你的意志，可以讓你感到心靈上滿足的事。最好的精神糧食是有虔誠的宗教信仰，可以展現您潛在意識的力量，心想事成。這精神意志力，是身心健康的良藥。

　　對有的人來說……精神食糧是指書本……多看書可以充實內涵增長見聞……有的人會覺得精神食糧是朋友……多交朋友可以拓展人際……每人的價值觀差異，對精神糧食層次的認知需求有別，不能將人介定在某一層次。有些人對藝術、音樂、舞蹈、美術、運動很有天分，情有所鍾，對他們來說，這些都屬精神糧食。

　　凡鼓舞人心向上的正能量言語，能撫慰心靈的宗教，積極樂觀的人生態度等，如父母長者、親友、愛人都能充實撫慰您心，他們都是您無形精神糧食。當您無助，遇到困難時，誰能幫助您解決，我以為宗教信仰無形力量是撫慰心靈良藥。

　　以哲學來說；形而上是精神方面的宏觀範疇，用抽象（理性）思維，形而上者道理，起於學，行於理，止於道，故有形而上者謂之道。形而下是物質方面的微觀範疇，用具象（感性）思維，形而下者器物，起於教，行於法，止於術，故有形而下者謂之器。我最後引用百度註釋來分別形而上的精神糧食。精

神食糧是一個比較抽象的概念，精神食糧涉及範圍很廣。「精神」是人的意識，包括人們的思維活動和一般的心理狀態。如認識、情感、意志、信念、言行、行動和習慣等內容，凡是為此所需要的均為精神食糧。

2017.01.15

72 心靈哲學班

　　這份特殊情感來自 17 年前，我們不約而同，一起參加士林社大心靈哲學課程，長達七年的共同學習，加上延續十年每月的聚會聯誼，建立一分珍貴的同學情誼，大家樂於成為一輩子的朋友，有緣千里來相會，因緣際會也是很難得。

　　來自不同地方、不同年齡的同學，雖然只有七年時間一起學習，因為珍惜而願意每月相見聚會，當老師應聘北京大學而中止課程，我們能維繫這分情，確實不易。十年來我們一起旅遊、分享臺北附近美食，因為班長的熱心連繫，牽引情感的動力得以持續，每次聚會必簽名、拍團體照，都將留下歲月的痕跡，但願能一起相伴到老。

　　這三個月來的聚會，在啟明賢伉儷家附近，因熱忱指導烘培咖啡，加上提供上好的紅酒招待及頂級普洱茶，順和提供一瓶 54 度二鍋頭及祕魯咖啡豆，我們沾上這份福氣，主人的盛情帶給我們歡喜，這是給予付出的最大快樂。

2017.01.16

73　吃的認知

　　人從出生到終老，為了生存溫飽，每天三餐之外，許多人喝下午茶談生意、有人相約好友喝咖啡、吃點心、聊天，晚上也有人因工作到午夜必須吃宵夜。好像吃喝成了日常生活交際應酬不可少。吃了一輩子，人人都會吃，人人卻未必懂得吃。

　　其實吃是一種藝術，如何吃才能吃出健康是知識，也是常識，亦是一門學問。吃通常有三個面向，用腸胃吃是溫飽，用舌尖吃是享受，用心去吃是健康，多少人吃出健康問題，如吃得太精細、太營養會有三高，有礙健康，反而吃粗吃素對身心健康有益。常聽美食佳餚後，再來杯咖啡甜點，可享受舌尖的幸福。因味蕾在舌尖上，當您大口大口嚥下美食，快速通過食道，只是食慾的滿足。

　　網路一則勉語說：您想活到一百多歲高壽嗎？答案是少吃，究竟什麼才是少吃？當您吃過飯還有一點飢餓的感覺，比喻很恰當，其實是有道理，這有些難實踐。吃太飽、吃剛好、吃七分飽都是自我感覺，因人而異。當然在成長發育的年輕人例外。此指邁入六、七十歲或高齡老人，因為生理機能老化、退化，新陳代謝緩慢，如您口無禁忌，可能禍從口入，多少腸胃病、大腸病變都跟飲食有關。

　　少吃能長壽好有一比，培植盆栽因受限環境加上澆水少，

成長速度就很慢，可以活得很久。但非洲熱帶地區，人人早熟，15 歲就結婚生子，發育快的人衰老也快，平均壽命四十幾歲，與天候有關與早熟早衰有關。

　　生物學家動物學家應有此臨床經驗，人要慢慢老，老得慢。古人說：「有錢難買老來瘦」。壽命與腰圍成反比，胖者身心毛病較多，可見吃太好、吃太多，反而有害。時下流行 buffet 吃到飽，對年輕人無妨，對年老人其實是腸胃大負擔，應儘量避免，吃在認知上除了享受，更要以健康為首要。

2017.01.22

74 憶今昔過年

　　時空不同，改變對錯，亦影響生活習俗。從幾件年節的風俗習慣談起，小時候過年，最忙是家庭主婦，那是五、六十年代往事，我小學、初中十幾歲的記憶。以下從幾件年節的風俗習慣談起：

　　一、拜神祭祖：中國傳統的習俗，因時下小家庭，年輕人沒有機會受到父母的傳承，又有幾家能遵行？這幾年除夕當天，我要負責神龕及祖先香爐清理工作，此一年一度的清爐，恐怕將失去此習俗美德，這是現今普遍社會現象。

　　二、環境掃除：大掃除的習俗因住大廈而省略，只有內在環境的清理簡化許多，有人請專業清潔人員來家，解決了大掃除的忙碌，因富裕的經濟生活改變了。

　　三、買辦年貨：當年大家經濟不好，過年前家家自製年糕、發糕、蘿蔔糕等年節食品，小除夕前要完成，用煤球蒸煮，人不可離灶，不但費時又費力，從糯米研磨，將水壓乾，一切全靠手工。如今機器代替，省時省力，不可同日而語，花錢買應有盡有。

　　四、期待心情：穿新衣帶新帽、拿紅包的年代已久遠，年歲漸長，內心不喜過年，害怕歲月催人老。時代不同了，現今是孩子給父母紅包，我每年都收到。

　　五、電話拜年：幾十年來登門拜訪拜年、相互寄賀年卡、打電話的傳統，如今以 Line 取代，又方便快捷，拜資訊網路無遠弗屆之賜。

　　富裕的經濟生活改變許多生活的習慣，如今流行過年全家出國旅遊，上館子吃年夜飯。已沒祭祖，免除過年許多忙碌，家家戶戶除夕的團聚圍爐漸淡。以上略舉年節的習俗，在現代生活中確實有很多的改變，如今過年已不必大費周章，因時空不同，您是否有同感！

2017.01.27

75　樹上之花

　　健走於至誠路靠惠濟宮，發現路旁的杜英及欒樹上，有許多石斛蘭，花開樹上很奇特，仔細一看是人工移植寄生。特別照像 Line 給錦璋兄，他告知是石斛蘭。並詳解石斛可分春石斛和秋石斛兩大類，前者春天開花，每一節開二朵，營養、陽光、水份照顧得好的話，可開到 8 至 10 節；後者叫做秋石斛，顧名思義秋天才開花，是黃花石斛。

　　走到至誠路可欣賞盛開的花朵，賞心悅目的愉悅心情，讓人感恩有心人長期的照顧。正是前人種樹後人乘涼最好比喻。台灣常見樹花有木棉花、玉蘭花、流蘇、桐花（五月雪）、欒樹、羊蹄角（印度櫻花）、麵包樹等、美人樹，均屬喬木。此文所提樹上之花是石斛蘭，是寄生之花。

　　台灣是花卉培植王國，尤其每年舉辦國際蘭花展，各種奇異盆景花卉美不勝收，因一年四季如春。古云：「春有百花，秋有月」，台灣最有名的喬木樹花是鳳凰花，開在畢業驪歌時；欒樹開在九、十月、阿勃勒花期在五月，初夏滿樹金黃色花，花序隨風搖曳、花瓣隨風而如雨落，所以又名「黃金雨」，遠看近看都很美！四月是流蘇花大開的日子，惜花期很短；油桐花四、五月盛開，染白了山頭，因此有「五月雪」的浪漫名字。另有羊蹄甲，於每年三月至五月落葉後開花，花有五枚粉紅色的花

瓣，其中一枚有深紅色條紋。而不少人將此花與同屬的艷紫荊混淆，主要分別在於後者開花期不同，艷紫荊的開花期為秋天（11 月前後）並且在開花時樹葉茂盛。以上是臺北常見高大喬木樹花，相信大家都見過，只是叫不出名字。

2017.01.28

76 禮尚往來

中國人在日常生活中最講究禮尚往來，本文只談 Line 互動所感。基本上主動給友人的資訊，得到對方回應後，產生的互動容易持續持久，反之則漸疏離。群組之便，一則信息可數十人或上百人點閱，它成為大家資訊傳達平臺，確實方便。久未連絡的友人，突然出現您 Line 名單邀請上，當欣喜受邀加入，然每天晨起或晚間個別的請安，問早道晚安成習，或主動或被動下都很珍貴珍惜。

許多人收到 Line 必禮貌以文字或貼圖回覆，禮多人不怪，反而一些人只閱不回，慢慢就會冷淡。或許您太多 Line、Facebook、E-mail 的友人，無法每則回覆，心裡有那分不安。每天晨起收到友人溫馨問早道好，我會交換轉貼好文圖，代表禮尚往來的回應不能免，友人的請安代表著親情友情長存的心安。久不連絡的友人，偶而出現的問候，都會帶來欣喜與安慰，畢竟彼此還思念著。

請珍惜那些，每個清晨和你說早安的人，每個夜晚和你說晚安的人！沒有人應該那麼做，只因為他們心中有您。

2017.01.31

77　無緣大慈

日前看到一則新聞報導，國外一起火車意外，死傷一百多人，使我心生悲憫之心！只因遠在遙遠異國，加上沒有認識的友人，心中自然沒有那麼哀傷。我翻閱十多年前筆記，提到慈悲有三個層次，其一、有緣慈悲，其二、法緣慈悲，其三、無緣慈悲。

簡單陳述所感，提供參考。所謂有緣慈悲（血緣）是指來自父母兄弟姐妹，是直系或旁系血親，那是血源關係，不易割捨，此謂有緣慈；法緣慈悲是指一般指夫妻、師生、同學、長官、部屬、朋友，那是因緣和合下的認識，因工作夥伴或長官部屬關係，有可能是短暫相處，有可能成一輩子朋友，此謂法緣慈；而無緣慈悲是指一切眾生，沒有界線，只要能力所及，一律平等相待，全力以赴，此謂無緣大慈。

要深入瞭解人世間法（俗世）與出世間法（修行），其實對慈悲有不同層次的解讀，只因他們發心觀點不同，凡事因緣生，因緣滅，都是因緣果報。金剛經有云：「凡一切有為法，如夢幻泡影，如露亦如電，應作如是觀。」一般人認知，什麼是「無緣大慈，同體大悲」？「無緣大慈」，就是對沒有任何親緣關係的人，你仍然非常慈悲。當然，這個緣，比親緣更為廣泛，甚至包括了民族、國家、黨派等，以及千絲萬縷的諸多關係等。

一切眾生與自己同一體，視他人的痛苦就是自己的痛苦，而生起拔苦與樂、平等絕對之悲心。這是菩薩的境界，凡人是望塵莫及。

2017.02.04

78 百歲壽宴

　　陶士君先生是參加八年抗戰英雄，來台後在南港當了 30 年區長，今欣逢陶老百歲壽辰，健康長壽早餐會在天成大飯店為他準備十層大蛋糕，席開六桌慶賀。全體早餐會員，唱生日快樂，齊賀陶老松柏長青，福壽康寧。

　　今天蒞臨貴賓有前副總統吳敦義先生、簡漢生博士、曾祥鐸教授、前華視董事長武士嵩先生、聲樂家李莉莉教授及蘇麗文女士、108 歲崔介忱先生、前國大代表王化榛先生、王宗炎中將等，早餐會會長余帆教授特邀請到國際 2012 年香港國際小提琴大賽首獎王建堂先生表演。他是現任國家文化部音樂人才庫成員。我們有幸聆聽他優美的演奏，加上李莉莉、蘇麗文女士，兩位聲樂家分別獻唱「望春風」與「感恩的心」，會場響起愉悅氣氛及熱烈掌聲。

　　猶記得早餐會前會長何志浩將軍百歲壽宴，從 101、102、到 103 歲都在天成大飯店舉辦，我都有幸參加，那是十幾年前往事！不知歲月催人老，我參加健康長壽早餐會轉眼 32 年。看到會員漸老，我從四十幾歲到今年七十幾歲，目前在早餐會尚屬年輕者，因八、九十歲者仍居多且非常健康。大家都很珍惜每月一次的聚會。

2017.02.05

79　珍稀壺藝

　　往年 14 期北部地區同學，假士林公民會館舉辦春節團拜，因需佈置場地，勞師動眾。今年春節後於 106 年 2 月 6 日（週一）11：30 假臺北市凱撒飯店自助餐廳舉行，餐費原價 680 元，每人自付 500 元，差額部分由會長支付。這是本期第八屆會長高祖懷同學盛情邀約，近月來透過 Line 及各系連絡人連繫，是日有近百人共襄盛舉。

　　校友總會長李念明親自參加並代表致送珍稀壺藝一組，這是由 26 期李沃源同學親自彩繪在茶壺的藝術品，附加價值加持，編號製造限量版。只有一組要送給本期，要如何公平公開送出？最後決定由高會長與參加同學者以剪刀、石頭、布猜拳決勝負，最後獲勝者贏得。在參賽同學的見證及總會長裁判下，一次又一次的淘汰，公平競爭，以過五關斬六將形容。我運氣奇佳，幾次平手仍能繼續參賽，最後三人決賽，又勝出會長，我獨得此獎。

　　69 年班畢業的李沃源，當年我擔任學生營長，每逢寒暑假他不返金門故居，卻留校作畫，課餘仍追隨歐豪年習畫，畢業後一直未停止畫筆，勤勞辛苦習作，二、三十年後的今天終有成，如今聲名享譽國內外及海峽兩岸。因在校我們有這段因緣，

如今家中還有他當年四年級作畫，大屯山下的復興崗。看到他今日成就，真心以他為榮。

2017.02.08

李沃源大師簡介：

以下介紹李沃源大師分享他的榮耀：
現任金馬台澎兩岸交流協會／理事長
兩岸和平文化藝術聯盟／總會秘書長
臺北市山癡畫會／理事長
北京人文大學藝術學院／國畫客座教授
廣東省珠海市政協書畫院／特聘副院長

學經歷：

北京師範大學藝術學院／書法專業碩士／結業
政治作戰學校／藝術系 69 年班／畢業
李沃源大師經歷
臺灣第十一屆全國美展／國畫金龍獎
臺灣文藝金像獎.金鷹獎／國畫第一名三次
臺灣中國文藝協／國畫文藝獎章
美國加州州務卿／州政府文化獎
大陸第 11 屆全國美展／國畫入選[五年辦一次]
前行政院唐飛院長聘任／美術顧問
台中金典酒店 12 樓[金典藝廊]／藝術總監
世界和平發展協會／副會長

廈門市政協書畫／臺灣副會長
空軍大鵬文教基金／藝術顧問
中央軍校校友會／美術聯宜會／兩岸交流主任
福建省龍岩市文聯會／藝術顧問
山東省民族畫院／藝術顧問

作　品

- 「和平金門／華人百位國畫家彩瓷聯展」並榮獲臺灣領導人馬英九親臨主持展出于金門、臺北、廈門、湖北省隋州博物館、並出版專集畫冊。
- 邀請中國美術家協會劉大為主席一行 38 位各省美術界主席與院長來台展出；國民黨榮譽主席吳伯雄主持，並出版專集畫冊策展。
- 100 年金門和平公園「和平牆」將華人百位元國畫家彩瓷作品永久鑲于「金門精神堡壘大理石碑林」並出版專集畫冊。
- 「中華情:海峽兩岸書畫交流藝術節」聯展廣西南寧
- 李沃源彩墨個展金門水頭商港文化藝廊
- 華人百位國畫家彩瓷聯展
- 「李沃源潑釉瓷板畫展」美國洛杉磯
- 「李沃源個展」美國洛杉磯東方藝術中心
- 「北海壯觀」聯展美國洛杉磯東方藝術中心

　　　　　　　　　以上資料取自 Google 搜尋

80 懷念遠方友人

　　得知遠住夏威夷的友人 kelly，大半年前已到遠方的天國，我們幾位認識他的台灣朋友不免悲從中來。雖然那是人生必然的終點，但對五十多歲的人說來未免太早了。認識她是好多年前的往事。當年她回台省親，參加台大退聯會一日遊，在遊覽車上活潑地帶動歡笑，讓全車人 High 到捧腹大笑，如今只能懷念思念遙不可及遠方的她。

　　提起認識 Kelly 的因緣。關姐某年前往夏威夷旅遊，認識來自台灣定居於夏威夷的 Kelly，人不親土親，後來兩人成為好友！近十年來關姐擔任台大退聯會活動組長，趕巧 Kelly 返台渡假，必邀請同遊，好多次 kelly 回國就參加我們每月一次的旅遊。在車上打成一片的互動，大家都對她印象深刻。

　　Kelly 曾多次帶她外國丈夫回台旅遊，尤其喜愛花東一帶好山好水！她期盼將來回台定居在東部，此心願看來無法達成了。前年得知她罹患肺腺癌第四期，前後治療並接受化療也長達兩年！她雖年輕，卻也不抵病魔，得知此不幸資訊，我們同表哀慟。

　　生性樂觀開朗的她，前幾年常返台探望年邁的雙親，如今家人亦離世。記得去年她回台，我們幾位友人請她吃飯，已接受化療的她身體虛弱仍與大家談笑風生，從相片看不出她的病

容,生命力堅強卻終不敵病魔,令人扼腕。

　　記得三年多前我寄一本我的小品著作給她,她回了一封伊媚兒讓我感動不已!她說每次閱讀您的書,就像和您面對面的談話,那麼的溫馨親切。無論我到那兒都帶著它,並且告訴外國友人您的著作,他們也被我感染了那分喜悅,仔細的閱讀每一篇,書中的人物有些我也認識,每日限制自己只能閱讀兩三篇,像是好友每日的相聚。最後又說再次感謝我的用心,及對她的關懷,代問候另外三位友人(註),很想念他們,願我們很快見面。Love Kelly 敬上。

　　此 e-mail 是 2014 年 10 月 6 日發給我,距今兩年多,如今天人永隔,怎不讓我情不自禁傷感,潸然淚下。

2017.02.09

　　註:關姐、福成、俊歌三人

81 老健才是勝者

　　老了有三種情況：其一身心健康能自理，生活作息不求人，屬第一等人，最幸福；其二身體不健康，生活起居需人照顧，住養老院，屬二等人；其三身體不健康沒錢無親人照顧，孤苦無依，屬第三種人；此說是王化榛先生所言。

　　可見老年健康很重要。但人人都會慢慢老化，五官外表眼、耳、牙三樣尤是。眼花、耳背、無齒，您就失去欣賞美景，聽美妙音色，享受美食的因緣，晚年生活必寂寞孤獨。常在醫院、公園、街頭見到外傭推著無助的老人，因行動不便，而失去人生多采的生活！那無奈的神情觸動感傷，願您我大家都能老健，那才是最後勝利者。

　　因之健康才是人生最無價的財富。但老健非老來能求，那是從年輕到中年到老年一路走來都要經營的，老健、老本、老伴、老友亦如是。尚書洪範篇所說的福有五種，原文是：「五福，一曰壽，二曰富，三曰康寧，四曰修好德，五曰考終命。」富貴、長壽、康寧、修德、善終是人生所祈求，那也是人生一輩子要自我修行的。共勉之！

2017.02.13

82　宦情不厭太低頭

　　世事正須高著眼，宦情不厭少低頭。此語出自南懷謹大師生前送吳瓊恩教授。日前與之電話聊談提及，我欣賞此語，正符合我常說：生活中要做到低調的老二哲學。

　　君不見歷來總統選舉、縣市長、民意代表候選人，選前向選民鞠躬哈腰，拜票的低姿態，當他選上之後很難做到「宦情不厭太低頭」這句話。常聽到一句話：「換了職位就換了腦袋。」高高在上有之，躍武揚威者有之。一些基層公務員，當其掌管業務督導時，往往盛氣凌人！如少數員警、稅務稽征人員，直接與民眾接觸，更應以熱忱服務便民，而非官場文化的高高在上。老師對學生、長官對部屬、父母對子女，如能做到溫、良、恭、儉、讓，亦正是有「宦情不厭太低頭」的修養。

　　昔我讀經國先生選集，他自勉：「走路莫走前頭，酒宴莫坐上席，照像莫做中間。」再再表現領導者要低姿態。當年曹思齊中將擔任校長時，每逢學校聚會場合，大家爭請校長坐上席，他很謙虛客氣說，大家禮讓我校長，其實我坐哪都是上席，何必相讓，這就是宦情不厭太低頭典範。

　　前些日子應邀參加 106 年新同盟會春節團拜，我的位子被安排在主桌。我請求承辦人將我換桌。承辦人員說：您代表中國全民民主統一會長受邀，位子是在主桌。於是我有榮幸與許

老爹（老校長）等五位上將同席，新黨郁慕明主席、新同盟會陳志奇會長比鄰而坐。我有感此言，一向很低調的個性，在生活中得友人喜愛、屬下尊重，真能體會到滿招損、謙受益是生活中最大收穫。

2017.02.16

83 正常心態使然

　　同性相斥異性相吸是動物本能，人類亦不例外。然而經過時空的改變，當今多元化的社會，一些國家法令亦允許同性戀，向戀，美國也成為全球第 21 個在全境承認同性婚姻的國家。可見真愛與性別無關。如今許多國家公佈同性婚姻合法化，那是昔日始料未及的。

　　同理，喜歡異性自古皆然，如有一天您對異性不感興趣，那表示心態老了，否則是屬同性戀。為何有此感慨，不久之前，我好友誤傳一則色情 A 片給女友，結果就不歡而散。近日我不小心誤傳「極品」影片到某一群組，自己即刻道歉，卻已帶來困擾！我所以寫此文除了說明自己太大意，也要澄清一件事欣賞 A 片無傷大雅。

　　上週日新同盟會舉行春節團拜，同時為許老爹提早過百歲生日。此刻司儀宣佈某國中女生表演熱舞，都穿著清涼熱裙。我即請教坐我右邊的郁主席，許老爹會看嗎？慕明兄告訴我，喜歡異性不分老少，如不喜歡那是不正常，他以研究兩性教育醫學觀點說：「認為人的心態不老，與異性相吸有關。」我知道天下男人無不好色者，只要時空、因地適宜，欣賞美女無關敗壞風俗。許多文人雅士、學者、專家，平時一副道貌岸然的君子風範，對網路色情影片不齒於觀賞，但只要時地相宜，相信

私下仍喜欣賞。看色情片一事件，亦無絕對的對與錯。我曾好奇問一些女性友人，會欣賞女性之美嗎？回說喜歡看異性亦欣賞同性身材之美。

　　我始終相信天下事無絕對的是與非，因時空的轉換、因每人主觀意識的認知，因時因地不同的思維，有不同的解讀，請您不要任意評論誰對誰錯，這才是成熟圓融的人生。「不爭是慈悲、不辯是智慧。」奉行不逾。的確不易，只要能做到，相信大家都會喜歡您。

2017.02.19

84 難忘友情

　　使用電腦將近十年，早些年通訊錄是傳伊媚兒最好的平臺，幾年下來資訊網路日新月異，從 FB 到 Line，已逐漸取代 E-mial。現代很少使用電腦傳達書信，一則 Line 又可傳照片又可傳文字，又可免費通訊，方便又快捷。原先留在電腦上通信者及 Line 名單上，多人已到天國一方，卻捨不得刪除，看其名思其人，臉龐的記憶猶在，此情只待追憶，存留在網上懷念，這是我念舊的個性，難忘故友情。

　　在新同盟會團拜上，見到 36 年前研究班的班主任，陳國綱將軍，如今身體硬朗，還記得我是研究班 47 期畢業，日前互通電話，愉快聊了約一小時，這分師生情誼難得！A 型重感情的我，親情、友情都在懷念中難忘。如今哪忍心刪除逝去友人通訊錄，在生命裡他們曾是我工作夥伴，名列好朋友之中，才有這分不捨情。我始終相信，此生相遇的緣起不易，緣續更難，有一天「緣了是必然」。只求友人平安幸福，雖然不能永久在一起，但此情不移。幾度思情，人已久遠，留下芳名，思情依舊。

　　此生；從少到老，結識的朋友很多，能持續到一輩子的老友不多！老友終有別離，當珍惜曾經擁有，有那麼一天說再見，釋懷在另一世界相見。

2017.02.21

85 廣結善緣

　　生活中，有時候要做不是我的我，即非我。因為要廣結善緣。必需要放下執著的我。角色扮演以大處著眼，要能隨時投其所好，謙卑低微，甚至假裝糊塗，為的是結一段善緣。

　　官場文化、商場文化，往往為政治仕途，為生意利益，做我非我，背離良心，口是心非，花言巧語的語言。常言：「換了職務換了腦袋」。思維隨時空改變，旁觀者不齒昨是今非，但說見怪不怪，其實說穿了，說說別人喜歡的話，討好人緣，表面虛偽卻佔盡了便宜。

　　最不聰明者，反而是說真話的忠言逆耳，多少人聽得進去？好辯者喜爭是非，得罪人而不自知，辯贏了卻失去朋友，何苦呢？心平氣和，大人大肚量是勝者。

　　今午在中正紀念堂轉淡水捷運時，巧遇一女同學，她告訴我今天很開心，因一位鄰坐不認識的女性乘客猜她才 65 歲，她回說我已 71 歲，為了這句讚美心情愉快！可見人人都喜聽好話，結論是多說好話，必廣結善緣。

2017.02.23

86 宗教信仰

　　一般的宗教都有排他性，教友彼此因信仰相同，有共同語言，容易溝通，西方宗教尤是，反觀東方佛、道融和了中國文化的儒家思想，成為包容的宗教，這是中國文化忠恕的思想，亦是與西方文化最大的不同。

　　「意識形態」是一個信仰的體系，它為既存或構想中的社會，解釋並辯護為人所喜好的政治秩序，並且為實現其理想。孫中山先生將「意識形態」認為是「主義」。是一種「思想」、「信仰」、「力量」。它是由於人類研究一個道理，透過觀察（科學方法）或者判斷（哲學方法），而產生了思想。由思想而產生對其信仰，加以實現就成為了力量。英文發音直接翻譯（Ideology），竟然很傳神「意的牢結」，一般指主義的政治思想。「意識形態」又稱「政治意識形態、政治理念」（Political Ideology）。泛指一種觀念、情感、道德、價值、判斷、信仰、理想等。是一套嚴密的價值信念，闡述政治、經濟、社會體系的組織運作。蘊涵社會基本價值的信仰體系，並提供該信仰所依賴的教條。（註）

　　思想觀念會隨時空改變，人的價值觀不同，認知需求有別，不要強迫他人同意您的意見。就如同您也要尊重並包容不同意見，「異中求同」尋找彼此間的共同點，通常用於雙方往來的初

期，用以尋求共識，創造共同利益，以建立互信。「同中存異」
指尋求共同點外，也要接納對方的差異，通常用於雙方往來的
中後期。承認對方無法調整的部分，並進一步接受它，體諒對
方。

　　宗教亦如意識型態的信念，有廣大群眾共同的崇高信仰，
形成強有力的共識，如教會每週的教堂禮拜，廟會定期的法會，
是宗教凝聚教友的共同信仰與共識，是不可忽視的一股力量。

2017.03.01

　　註：意識型態詮釋摘自谷歌網路。

87　群組情誼

　　群組有同質性，有共同的興趣嗜好；是志同道合的夥伴，通常是同學、同鄉或登山山友、歌舞之友、球友、牌友、茶友，您的興趣多，朋友多，網路群組亦多。我參與許多群組，也成立群組，這是親情、友情互動的最好的平臺。

　　目前我有數十個群組，晨起忙著問早道好，這分情誼是珍惜的，不常見面但常請安，思念常在。有群組定期聚會，或每月一次的早餐會、歌友會、社大同學會，有不定期的高中同學會，有三個月、半年的聚餐、有兩年一次的復興崗同學會，彼此期待相見歡喜。

　　有感常見面感情深，不常見面情漸淡，定期的餐敘拉近彼此的情誼，就好比遠親多年不見，不如近鄰見面三分情。群組聚會要有位熱心的召集人，每次見面簽到，再研商下個月、或三個月、半年之後的約會，會前再以電話或 Line 通知提醒，如此才能十全十美。我參加許多群組，都是如此辦理，提供好友參考。

2017.03.07

88 尊敬的長官

　　上月參加新同盟會春節團拜上，遇到 35 年前老長官陳國綱將軍，他猶記得我在研究班受訓的往事，聊談倍感親切，後來在電話中話當年。從他《歲月留痕》自傳一書中，不難瞭解他是部屬好長官，也是長官中的好部屬。他親自書寫的一副對聯，「**富貴人的氣量如溫厚平實則其榮持久而其後必昌**」；「**貧賤人的習性若勤勞儉樸則其福將臻而其家亦裕。**」工整書法懸掛於客廳，留傳子孫共勉。佛堂一副對聯「**一心行善天賜福，奉香敬佛保平安。**」他篤信佛法，心地慈悲又善良，這些正能量勉語深入吾心。

　　班主任當年以湖南第二中學高三下學期的註冊證明，獲准報考政工幹校第一期，獲錄取本科班四百名之中，備取四十名只遞補一員，可見當年投考之難！這段求學改變他的一生，以上求學經過是他親口告知，令我感佩。能遇到好長官不易，在受訓期間，蒙受他身教言教的教誨，受益良多，銘感五內。「經師易求，人師難得」。成了我日後教學的座右銘。他為人誠正、秉性溫厚，工作主動積極、認真負責，是有目共睹。民國 91 年曾著《歲月留痕》一書，深受各級長官、同事、好友的熱烈迴響，民國 97 年又出版《一心文集》，有幸我能獲贈拜讀，尤欣賞「**無患得之心即無患失之苦**」的待人處事胸襟修養。

　　研究班結業前，選舉榮譽學員，選前班主任特別精神講話，訓勉要如何選出均衡幹部的條件，大家要慎重理性思考，選擇理想對象，一席話確實影響許多人的抉擇！我榮幸獲選，事後覺得班主任用心良苦的訓勉，是影響選舉之關鍵。如今三十幾年過去，與班主任提及這段往事，撫今追昔，有深刻的感觸。

2017.03.09

89 老化復健

　　扭腰擺臀、舉手投足、登山健行、打球、舞蹈、游泳、唱歌、都是活動筋骨,人老化四肢機能自然退化,當您跌跤摔傷或發生意外,肢體受傷要靠醫療復健,這是生活中常常發生的傷害。到養老院、到醫院、到公園最常見老人不良於行,坐著輪椅,這是生理退化的必然!要如何才能減緩老化退化,平時要多活動,如能每天堅持走路,對四肢活動靈活度及反應度都有助益。我發現年老跤交的嚴重性,許多人摔出毛病賠了生命。

　　友人介紹多用途能量卡,除了增強正能量、降低電磁波、還可讓眼睛釋壓。如降低手機電磁波、泡茶或咖啡可以改變水分子結構讓水分子變細,物質變得更美味,可當暖暖包,可當刮痧板可提供能量轉化貼布。以上多種好處,友人深受其益,大力推薦,這項研發是利用自然界天地人元氣聚合,提供人體所需正能量,是能量不滅原理。

　　友人參加「賀寶芙」養生餐,平均每月要付約七千元的營養早餐,他說都是些年紀大的老太太居多,如此早餐每天約二百餘元,非一般人負擔或捨得,我認同花些錢保健康比花錢看醫生划算。多少人後悔生病花大錢的無奈,如心臟裝支架、膝蓋換人工關節、植牙、裝助聽器等都要付費。早知道花錢可買健康,何苦當初的不捨?之故;我接受好友推薦開始食用健康食品。

2017.03.13

90　越洋電話

　　接美國洛杉磯同學申朋生的來電，欣慰的是談及讀我送他《所見所聞所思所感》暨《雅舍小品》兩書之後的感想，他告知是他旅遊休閒必帶讀物，讓我很感動。

　　他旅居美國四十幾年。如今從職場退休，參與社區許多活動，類似此地社區大學的課程：有排舞、有氧舞蹈、國畫、太極拳、園藝、書法、電影、山水國畫等。退休享受終身學習之樂，使他的生活多元化，使七十歲以後的人生更精彩。

　　同是復興崗畢業，他退休後到美國從事食品麵包行業，不但得獎還開班授徒，這是另類行業的突破！自學研究，無師自通，展現了另一項才華。回台還親自製作虎皮蛋糕請我們分享。能在異國闖出一片天確實不易，在越洋電話長聊，這分同學情值得為文分享。

2017.03.17

91 生要逢時

　　生要逢時。有感近幾十年保護動物協會的功能發揮,這是飛禽走獸鳥類及貓犬最大的生命維護與生存保障。憶四、五十年代,野生的斑鳩、山林野禽遭受人們的捕殺,成為山產野味佳餚,曾幾何時人們已不再濫捕野生動物,這是人類文明的一大進步。中華民國世界聯合保護動物協會成立於 1960 年 6 月 10 日,是中華民國第一個動物保護團體。台灣防止虐待動物協會 2017 年亦正式運作。

　　二、三、四十年代的人,飽經戰爭逃難之苦,我們五、六十年代在台灣,身受生活窮困之苦,七、八十年代出生者,則享受生活富裕之福。老、中、青、少經歷數十年,有如此生活貧富落差的轉變,豈是歷史的悲劇!台灣經濟的進步,之故生要逢時。如今一、二十歲的年輕人,從未吃苦,養尊處優,坐享其成。他們拜科技醫學進步之賜,將來活到 120 歲都有可能,晚出生的福報是享受物質富裕的生活。

　　生要逢時,早出生的大環境與今大有不同,天時、地利、加上人和很重要!如今家中寵物倍受照顧,因為少子化的愛被轉移,動物如此,人的命運亦如此。有感所見,生要逢時:要好國家、好天候、好政治、好醫療,但因台灣太民主而政黨政

治對立，影響二十幾年社會的不安定、不進步，這是大家的共業，人人必需承擔。

2017.03.20

92 最快樂國家

最快樂國家其評分標準，包括人民平均國內生産毛額〈GDP〉、平均健康餘命、自由、慷慨、社會支持政府或商業有無貪腐等六項因素。

由聯合國資助的「永續發展方法網路」連續第五年公佈「世界快樂報告」。在 2017 年 3 月 20 日公佈的，北歐國家最快樂，撒哈拉沙漠以南國家，敍利亞和葉門則是 155 排名國家最不快樂。挪威、丹麥、冰島、瑞士、芬蘭、荷蘭、加拿大、紐西蘭、澳洲、瑞典依序排名。台灣今年 33 名、日本 51 名、南韓 56 名、香港 71 名、中國大陸 79 名、美國 14 名、德國 16 名、英國 19 名、法國 31 名、南蘇丹、賴比利亞、幾內亞、多哥共和國、盧安達、坦尚尼亞尼亞、蒲隆地、中非共和國則敬陪末座。

據報導，挪威幼兒園小孩每天放學回到家，總是渾身髒透。他們夏天在沙堆或草叢玩耍，冬天打雪仗，除非氣溫低於攝氏零下 10 度 C，小學到高中階段，無分男女學生都得做體能訓練，並學習裁縫和烹飪。滿足未來生活所需，並瞭解其中性別平權的道理。19 歲畢業後，無論繼續升學或選擇從軍，他們被視為真正的成人對待，家長會希望他們搬出家，自力更生。幼兒至青少年時期的教育，讓挪威人養成健全的人格和強健的體魄，一個人只要身體健康，人格健全日後還有什麼事情學習不來？

自然養成自信和快樂。

　　猶記得四、五十年代的貧窮歲月，我們生活雖苦，但能與大自然同在，那是精神生活的快樂！挪威人民對幼兒至青少年時期的教育，正是與天氣與大自然為伍，所以快樂，可見精神快樂很重要。目前全世界有 195 個國家，台灣能躍居世界最快樂國家第 33 名，這是榮耀也是值得自豪。我們要珍現在擁有，大家齊心努力，讓世人看到我們的驕傲。這分殊榮是國人努力能受到肯定，除了惜福，更要年年進步。

2017.03.24

93 生命無常

　　陽明醫院距我家僅百餘公尺，隨時隨地，無時無刻，尤其在夜晚或清晨，都會聽到救護車呼嘯而過。每當此時腦海中總會浮現，病患正與死神拔河，生命在一呼一吸之間。救護車聲音讓人聯想，人的生死一瞬間。

　　日前聽聞一老弟，在英雄館住宿，因為清晨與友人高爾夫球敘，至午後仍未退房。房務開門後才知不幸消息，在睡眠中因心肌梗塞而往生。難過之餘卻為他的善終而幸，走得無病無痛。只是留給家人親友的遺憾不捨，應驗了達賴嘛的名言，「誰知道意外和明天何者先來？」

　　每天看新聞報導，多少人因車禍身亡？全世界各地經常有災難，死亡不計其數！生命本無常變易，不可預料，死亡車禍在分秒之間。生命的脆弱是經不起任何意外，多少人跌跤往生？更警惕生活中，行住坐臥都要小心，尤其參加旅遊發生事故意外頻傳。生命誠可貴，年紀漸長，生理機能退化，老之將至，動作反應都不靈活，諸多健康生命的危機，不可不慎。最傷情莫過聽到認識長輩親友驟世，或久不見面的友人亡故，雖然這是人生的必然，卻惋惜不該如此意外中離開。

2017.03.26

94 快活人生

　　我認識些退休友人，他們都是及時行樂的實踐者。生活離不開吃喝玩樂，經常參加國內外旅遊，搭遊輪一、二十天航程，不惜花費數十萬元，旅遊世界各地，真正享受退休快活人生。

　　有錢的人並非人人捨得花費在旅遊上，這是人生認知價值觀的不同！也許心有餘力不足（體力），或家務瑣事等離不開身，正是家家有本難念的經。到了遲暮之年，能到處走動是要珍惜把握。歲月不待，多少人晚年身心健康問題，沒有吃喝玩樂的本錢，雖然旅遊的主觀條件俱足，但客觀條件卻受到許多限制呈礙，非人人能隨心所欲。

　　最近聽說旅行社不太歡迎七十歲以上年紀的人參團，70 以上的人，旅遊保險都受限制。原因不外，體力動作不如年輕人，可見年老體衰惹人嫌，亦是老年人的另類悲哀！昔大陸俚語：「七十不留餐、八十不留宿、九十不留門口站」，正說明老年人身體隨時會發生意外危險。閩南語所說「老廢」，即老不中用。我每天利用上、下午各走一小時，保持體力，汲汲經營，是要活出健康、活出精采，體力要靠有恆每天訓練。

　　「無欲則剛」從身心體力來說，是生活起居上不依賴別人，因此，老了健康是給家人及子女最大的福利，亦是善待自己最

好的禮物，人生最後的贏家是長壽又健康，昔日的功名富貴都成過往雲煙，唯有健康才是自己的。以此共勉之。

2017.03.30

95　人生是彩色

雖說；「人生不如意事十之八九，唯有快樂在心頭。」應該持樂觀的生活態度，多想那些如意的事情，常思一二，人生風景是彩色的。當您從少年、青年、壯年到老年，經歷了不一樣的風情，不同年齡、不同生命旅程，體會到生活中許多的酸甜苦辣，有起有落的人生。品嚐苦盡甘來的甜蜜，人生才能變成彩色。

人生彩色乎？基本上到晚年才能定論，人老了沒有健康、老本、老伴、老友、老窩、老趣，必是孤獨且寂寞難捱的，之故老健列為六老之首。人老了面臨眼花，視力減退；耳背，聽不到別人說話；牙落，美食當前食之無味；腿衰，無力行走，不能到處旅遊，人生乏味。具備其中二項以上，生活頓時變成灰色。

功名富貴也抵不上老來康健，當您羨慕別人年逾八十，看起來像六、七十歲，才知道人生一路走來，最後的勝利者是長壽健康。日前參加健康長壽早餐會，看到 100 歲的陶士君先生（註1）精神奕奕，八十歲的劉盛良先生（註2）一頭黑髮，仿如年輕一、二十歲，大家紛紛與他合影，他們的人生才是彩色的。

　　長壽，被嚮往；養生，被推崇；百歲，被期望。此現代人
的心聲。

2017.04.03

　　註（1）：在南港當了 30 年區長
　　註（2）：第一屆國民大會代表

96　生活體驗三則

之一：對答技巧

某甲神秘私下問您尷尬問題，您只能回答「是」或「不是」，最好答案是，您把問題丟給他：您說呢？讓他去傷腦筋。

之二：相對好壞

最近連咳兩天，抱持不吃藥過兩天就會好的心理，卻因劇咳而引起喉嚨疼痛發炎。不得已，只好看診服藥，藥效立即，但治好喉痛卻帶來聲音沙啞後遺症。印證藥物是毒，治好某方面毛病卻帶來另方面傷害。

之三：醫藥神效

認識一位近九十歲的友人，因走路無力而檢查出心臟瓣膜閉鎖不全，氧氣送不到腦部，需要開刀治療。但醫生善意建議，年紀大不宜開刀，有傷損元氣，經服藥之後復原良好，這是有醫德的醫生，加上醫藥進步的效率。

生活週遭問題可以用方法解決，這是圓融的智慧，說話如此、看病如此、凡事如此，善知識是也。

2017.04.07

97 書畫之美

我很佩服會書法、會作畫的友人，因為這兩項我都不會。最怕簽到場合使用毛筆，可見。

昨天參加牡丹大師邢萬齡同學的書畫展，仿如小型同學會，將近四十位同學在畫展中共襄盛會，相見歡喜，大家忙拍照留影。

有人說藝術是要有七分天分、三分努力。您發現有些人從小就有某方面的才華，尤其在音樂與美術上的學習，領悟力比別人強，進步比別人快，經過學習之後幾乎可見事半功倍之效，這是潛能的天分被開發，書畫尤是。當然天分人人不同，有人窮一生努力畢竟其功，有人卻一事無成，因個人機緣際遇加上環境學習，是命是運都是主客觀條件要俱足。

羨慕敬佩別人才華之餘，想到背後他默默努力的付出，這是您看不到的，復興崗美術系培養許多優秀的書畫人才，四年的教育是成就了基礎，同樣環境學習，數十年之後的成就是不同，印證：勝利成功者是堅持一路走來有恆的努力者。

2017.04.10

98 談待人處世態度

例　一：

　　○○教授，連續 2 天收到你早安的祝福，謝謝你，只是都在清晨 5 時半，我還在睡夢中，請勿再打擾，謝謝。XX 上。友人傳來這資訊，使我聯想到，一則怨言，失去一位友人，您怕打擾可將手機關閉或轉靜音，怎可責怪好友一片問早道好的美意。

例　二：

　　好友正開會，友人傳賴，他會後即告知友人請勿打擾，誰知他正在會中，他可關機或轉無聲，卻反而去埋怨友人善意的傳賴。此舉他已失去一位朋友，多怨少友。

例　三：

　　常收到看過的資訊，我心懷感恩，可以溫故知新，拾回好文重讀的機會！卻聽到一些人埋怨，說早看過了，不屑再看。辜負友人傳文，想到分享予您的善意，您無形中又得罪朋友，而不自知。

　　人是情感動物，七情六欲人人有之，表現於生活中的修養統稱 EQ。情緒商數高者，喜怒哀樂憂恐懼不形於色，非人人修

養可以做到。智者是能做到圓融的智慧表現於言語行為之間。簡單說，您說話不讓別人討厭，沒有刺傷諷刺的話語，態度溫和，語氣中肯，這是說話的藝術。如平時喜發牢騷，經常埋怨者，人人必避而遠之。

最後引用一段好文：人生路上，時刻帶上自己的陽光！帶上自己的陽光，照亮自己的心靈。心靈的力量是無窮的，它可以把一朵花變成一座花園，也可以把一滴水變成清泉。幸福其實就是一種心境，所謂「人生由我不由天，幸福由心不由境」，只要你心中有陽光，無論走到哪裡，無論發生任何事情，你都會覺得是幸福的。一句怨言，得罪友人，得不償失，引以為戒。

2017.04.13

99 老來樂學

　　老來樂學才可貴，不忘終身學習者永不老。尤其電腦智慧型手機，現代科技生活不可須臾離身，它帶來生活許多方便，有些人排斥使用實在可惜。排斥智慧型手機者，大多年歲較長，原因不外是視力差，反應慢、學即忘。另退休的達官貴人，昔日有屬下負責操作，養成依賴，錯過操作機會，退休後又不願放下身段學習，這是目前常見。

　　在群組中亦有八十歲以上年齡的人，我很佩服他們終身學習的精神，永不服老的人，因吸收新知，思想觀念跟上時代。晨起我花近兩小時以上分享友人傳來文圖，這是最好的學習。為了學會電腦或手機操作，晚輩子女成為我們不恥下問的對象。時下年輕人，學習是一輩子的功課，活到老學到老不是口號。

　　資訊網路帶來生活上傳達資訊之便，一則資訊在共同群組發表，立即可以回應，好的文圖分享是眾樂樂。凡事利弊是相對，有人說生活中依賴手機、平板電腦、電腦、電視依序排列四壞。因對視力、對輻射的傷害是必然的。

2014.07.17

100　兒時背詩詞

　　記得小學四年級時，我的國語老師郭文准先生，每天要求我們回家的功課是背誦成語，翌日即在課堂提問。我當時每天返家必熟背，每能對答如流，博得老師嘉許鼓勵。距今已六十多年前往事。升上五、六年級，算術一科常不及格，功課一落千丈，才知道各科都要均衡齊進，才能考上理想的初中。

　　當年背誦成語不懂其意，卻能朗朗上口，後來知其義，終身不忘。聽老一輩者說，小時候私塾先生要求背誦詩詞歌賦，熟讀唐詩三百首，不會作詩也會吟詩，道理亦然！及長再讀唐詩三百首、三字經、百家姓、昔時賢文等能都能瞭解其義，但為文卻派不上用場。因無熟背，忘文忘詞，可見兒時記性好，背書是受用一輩子。我至今仍能背誦幾句成語，如「鄉愿」，德之賊也，白話：鄉愿是竊取德性的賊。「心安理得」謂己行得正，自己和別人都能滿意；「有機可乘」；有機會可以利用，等等。可見年幼的記憶不易忘記。

　　現今為人父母，深知孩提記性好，強迫子女熟背古詩古文，將來必受其惠！當年父母，錯失督促我們記憶好的年齡，實在可惜。如今理解力好，記性不好，已時不我予。

2017.04.20

101　告別禮拜

　　日前南下高雄，參加堂兄新鴻校長告別禮拜，聽到主禮牧師及司禮長老證道、祈禱、唱慰歌及家屬講話，一律以閩南語發言，這是我第一次經歷南北文化差異。

　　我敬愛的堂哥新鴻，一生從事教育，先後擔任小學老師 20 年、校長 22 年，為人師表長達四十餘年，可謂桃李滿天下！當年榮升校長是高雄市最年輕的校長之一。滙森堂弟「懷念故人」一文，提起李濤先生曾在臉書上記述五十多年前，在高雄大同國小五年級的導師就是吳新鴻老師，由於他的愛心鼓勵使他功課有很大的進步，人生很大的翻轉改變，他感謝遇到難忘的好老師。

　　上一代（二伯父、四叔父）兄弟手足之情，似乎在下一代之間，仍可嗅出其存在的氣息。這是照男堂哥在回我 Line 上有感，我們堂兄弟之情深意長顯見。素珠堂妹有感抒懷：

命限無怨

天命有限是定見　生老病死一條線
花紅百日亦枯黃　窮通壽福順自然
竭智盡力命隨天　用命進命無慚愧
兒孫自福勿擾憂　身心愉悅樂康安

2017.04.24

102 貨暢其流

　　國父在民國前十八年曾上李鴻章書。裏頭說的救國四大綱領，亦即「人能盡其才，地能盡其利，物能盡其用，貨能暢其流」四句話。貨能暢其流是盡量發展各地的道路交通，改進水陸貨運，力謀貨物流通的便利。當年實業計劃興建鐵路、港口即是。一百年後的今天，世界各國整個交通網路已建立，因空運、海運、陸運都便捷，國與國之間，仿如隣居，「地球村」成了現代人普遍的概念。

　　如今世界各地的農產品水果蔬菜甚至海域魚蝦，經銷商提供新鮮的空運，這是幾十年前很難想像得到。在台灣可以吃到來自美國、紐西蘭、澳洲、智利及日本的蘋果、葡萄，來自美國「波士頓活龍蝦」活生生的在餐桌上。十幾年前品嚐到阿拉斯加北極冰魚，軟骨爽口，肉質富彈性很獨特，這是因交通便捷才能享受來自世界各地美食。

　　各地農產品的蔬果，在四季都可以購得，産地過剩的産品，供需解決滯銷，運送行銷帶來售者買者便利，進口的牛羊豬肉，可以由您多重選擇！聽說蔬果最好是方圓百里所產，而且是季節性最好。如此我們吃到異國遠方的蔬果，是否對身心健康有益無害？值得研究。

2017.04.28

103　角色扮演

　　人的一生要扮演多重角色，是否能勝任各個不同職場的角色，端看您心態，尤其退休後能否放下過去官場的身段，成為一介平民？別人對您昔日頭銜的尊稱是禮貌，但自己要忘掉昔日風采，有些人卻很難。

　　從小為人子女，待有了子女，為人父母，有了孫子，升格為爺爺奶奶，這是指親情角色；在學校有師生關係，為人師表，為經師更要做到人師；到職場為人長官部屬都要扮演好自己角色。如財團法人的理事長、會長、執行長、秘書長，公務機關，長官部屬關係。公司有董事長、總經理、經理，各自扮演自己角色。這些職務，權利與義務責任都是相對，只是稱呼有別，而非職務的大小高低。

　　退休之後角色扮演更多元，在某個團體您是理事長、董事長、會長等頭銜，到另一團體您是執行長、秘書長或總幹事。職稱有別並非代表官職大小，我們要能放下身段才能融入群體。就如我參加任何活動，就稱呼此活動的理事長或會長。在不同單位不同角色扮演即是。

2017.05.02

104 平安康健

　　平安康健對大家一生都很重要，年逾七十的心境尤是。之故許多人樂於花錢買保健食品養生，讓身體更有活力，比花錢看醫生划算值得，如何做好平時保健，預防重於治療，這是未雨綢繆的先知。

　　人進到中年後，生理機能退化老化現象，有早有遲，因人而異，有人三高等慢性病的疾病提早來，未老先衰，有人年逾八、九十仍然精神奕奕活力充沛。除了做好身心保健，不外老生常談，從己身做好規律的生活、適度的運動、均衡的營養、充分的睡眠、良好的代謝、加上有好的心情，如此您的身心健康是必然亦是當然。

　　現代文明病是指肥胖、三高、代謝症候群、腰酸背痛、壓力症候群、惡性腫瘤等。自我檢視以上六種文明病，如何防患未然？除了從食物飲食注意，許多人靠維他命、維生素補充營養，是否人人有效？專家學者各有不同看法，我認同中國人強調傳統食補重於藥補。但食補欠缺的維生素，亦可從多種食物萃取獲得，不妨相信醫學科技，而非完全排斥。

2017.05.08

105　紫藤廬品茗

　　好友福成師兄的盛邀下，我們華國緣群組今天歡敍於紫藤廬，老屋、品茗、沉思、對話、談天說地。位於新生南路三段的紫藤廬，是一間日式老舊建築，進門花木扶蔬，有庭院小池，鬧中取靜，獨特風格。

　　大家好奇欲知福成兄為何邀宴茶敍，我幫他答對一半「給人歡喜，讓大家快樂」。他的理由卻是老生常談「供養諸佛菩薩」、「佈施」，他說將兒女的錢先拿來請客，友人不解，進一步說：自己的錢將來都留給子女，先取用之，今天等於兒女請客。如今大家都能了然。

　　從小我住慣榻榻米日式房子，習慣盤腿席坐。然而對一些人是有相當難度，尤其年歲數大者、胖者膝蓋蹲下起立吃力。面對和式盤坐有難色，用哀哀叫形容不誇張，形成有趣對比，盤腿席坐能與不能，習慣使然。

2017.05.09

106 佳節思親

　　今午兒女在 YU-SUSHI 中山北路六段一家日本料理店，請媽媽歡度佳節，我作陪拍了一張全家福。這是子女往例母親節安排吃個飯，略盡佳節心意。

　　憶昔六、七十年代我們為人子女，未曾盡此孝行美意。時空環境與背景下，近二十年來，子女為父母賀佳節、買禮物普遍如此，這是生活富裕及少子化的社會變遷，此風氣應歸功於大眾傳播媒體及網際網路文宣奏效。子女請父母享受美食大餐，父母感恩，受惠者是餐廳、百貨公司。

　　如今羨慕父母仍健在的友人，通常六十歲以後，父母亦年邁，能略盡子女孝心可貴，「樹亦靜而風不止，子欲養而親不待」這是許多父母早逝者的遺憾。

母親節　2017.05.14

107　群組情誼

　　檢視我 Line 群組近 50 個、好友 505 人，每天從群組及好友互傳資訊，讓我不斷學習吸取新知，在選擇取捨之後，不忘將好文分享，讓我忙得不亦樂乎。

　　志同道合的友人，有共同的團體組織或地緣關係，大家認同在 Line 群組形成連絡平台，增進彼此互動友誼。透過信息發出，不必電話連繫，這是群組之便利。群組人數至少十人，多則數十人上百人，當然都有因緣關係，如校友會、同學會、教會、登山會、老友會、同鄉會、社團或社大不同團體等等，群組愈多，活動必多，退休者要多參加群組活動，才能增進聯誼，展現人際關係，增進群體社交生活。

　　今參加台大志工聯誼餐敘歡唱，發現許多人認識却叫不出名字，只因不常碰面！訪客中心與聯合服務中心志工，有校內退休者，有校外申請來校服務者，彼此只有每年一、二次的志工研習會見面，難得交談，認識不易。大家建議每半年舉辦聚餐聯誼，增進彼此感情。在熱心的志工隊長福成師兄號召下，年來已辦多次活動。有感群組要能活絡，必須有幾位熱心友人，定期或不定期舉辦聯誼，如聚餐辦活動，能見面就是有緣人，當珍惜。

2017.05.16

108 舞師甘苦

　　羨慕舞場有許多舞林高手，原來他們是舞蹈老師，在舞場上一對一個別教學。舞師有價碼等級，每小時從 300、400、800、1200、1500 元到最高學費 1800 元有之。當然舞師收學費是要接受學舞者肯定，我指的是國標舞師。

　　從一位舞師得知，他 18 歲教舞，如今四十年過去，靠的是尚有好體力及那股跳舞的執著加上興趣，看來舞師非人人可勝任！他每小時只收費 300 元，每天在舞場教十小時，每月收入尚可。我佩服他一路走來小有成就。如今經濟不景氣，他是高收入者。看到舞師歡樂的一面，他們亦要不斷地深造學習，吸收更高級的舞步，繳交更高的學費。一面教一面學，才能教學相長。

　　舞師條件要有高挑的身材，男的要帥氣、女的美麗，年輕貌美，加上舞藝高超，學生必源源不斷，爭先拜師！學舞者基本上要有興趣，有音樂節拍感，有運動細胞，越年輕學舞越好。可惜有閒學舞都是退休者。學舞事倍功半，舞步容易忘，只好重覆花錢，這是幾年來我習舞的感想。跳舞是廉價的消費，有好音樂欣賞，又可運動健身，炎炎夏日到舞場吹冷氣，動靜兩相宜，一舉數得。有人說唱歌跳舞，有益身心健康，我完全認同。

2017.05.18

109　看到希望

　　週來天天收到國民黨黨主席候選人寄來的文宣海報，以及黨代表選舉候選人的懇請賜票資訊。六位國民黨黨主席的參選是空前絕後的競爭。國民黨員終於覺醒，對民進黨執政年來的違憲亂政深表痛心。大家同心一致，關心政治，只因2016年黨員不團結，沒參與投票，將總統拱手讓給民進黨，如今嚐到處處被打壓的苦果，痛定思痛。

　　今上午前往蘭雅國中投票，樂見大排長龍的黨員扶老相陪，我看到國民黨的希望，因全省各地投票所亦如此。下午在電視機前看開票，吳敦義先生大幅領先，以143223票逾半數順利當選黨主席，以他完整的行政經歷及豐沛的黨務經驗加上人脈、辯才無礙，讓我們看到國民黨未來大有可為！同時選出的黨代表，都是年輕有抱負的知識分子精英，深信國民黨一定會浴火重生。

　　身為資深國民黨黨員，愛國愛黨心切，欣慰的是本黨選賢與能，2020年重回執政有望。希望國民黨黨員，今後要團結一心，齊心為兩岸和平統一努力，這是多數人的期望。

2017.05.21

110　選後宜釋懷

　　此次國民黨主席有六人參選，全省各地黨員有支持的候選人，選後無論支持者有無當選，所有黨員應團結，共同為黨努力。我轉傳幾則友人傳來發人深省之文參考之。

　　之一：大家團結一致，不要再埋怨，內鬥……國民黨，中華民國才有希望再度執政，不管您高不高興，願不願意……請大家從今爾後，心連心，手攜手……牢牢記取"失去政權"的教訓，為黨，為國，為自己，為我們後代子孫們打拼一塊淨土，把撕裂縫補起來，讓我們得以延存下去吧！我們沒有抱怨，謾罵，撕裂，內鬥，分化的本錢……大家一起加油吧！

　　之二：對啊！奮鬥都來不及了那有時間高興啊當選正是責任的開始努力整合的起點不要忘記了明年縣市首長總統大選才是真正的考驗沒有中央執政，其餘都是假的喊爽的沒有用互相取暖，也只能躲在陰暗角落裡；我們必須要用盡全力拼搏贏回尊嚴贏回臺灣贏回中華民國。呼籲國人摒棄前嫌（特別是選前的不愉快）拿出良知（不要藍皮綠骨兩邊討好的）放下身段走進群眾特別是年輕人（活動不要搞蜻蜓點水問導油的尤其黨職黨工人員）或許這才是咱們復興的契機………

　　之三：大家都辛苦了！希望吳先生能帶領國民黨有新的氣

象。

也期望他第一時間用感恩的心感謝柱柱姐在國民黨士氣最低迷脆弱的時候站出來全力相挺！團結國民黨在下次選舉贏回政權！

綜上回應文，我能體會到支持洪秀柱及郝龍斌各有五萬多人的心情。幾家歡樂幾家愁，但面對全體國民黨黨員本是一家人，何苦您我相爭？選後宜釋懷，要放下恩怨，我們沒撕裂、內鬥、分化的本錢。今國民黨黨主席選舉已經落幕，在三強鼎立情勢下，吳敦義脫穎而出，高票勝選。對於敗選支持者留下落寞不堪的感受，這是人之常情。我們黨員同志都是知識分子，心中各有一把尺，理念、思維都不同。何況候選人都很優秀，具備獨特風格，群眾基礎，很難評論。此時激情已過，不宜過分苛責。我黨當選同志，期盼萬眾一心，放眼 2020，取回執政權。乃全體黨員同志之願景。當今之計只能團結一致，選舉已結束，不管你（妳）支持誰，都是本黨同志，大家都不是完美的人，各有優缺點，所以不用再互相批評了，團結向前看，共同努力吧！

2017.05.21

註：甚少寫政治話題，避無謂爭議，見仁見智，事無對錯，難斷是非。

111 今昔年齡劃分標準不同

聯合國世界衛生組織對年齡的劃分標準，將人的一生，分為五個年齡段：

未成年人： 0 歲至 17 歲；

青　年　人：18 歲至 65 歲；

中　年　人：66 歲至 79 歲；

老　年　人：80 歲至 99 歲；

長壽老人：100 歲以上。

今天談老：

　　六十還小、七十年少

　　八十不老、九十剛好

　　一百還可到處跑

昔大陸順口溜：

　　七十不留餐、八十不留宿

　　九十不留門口站

可見今昔界定老的標準有很大的落差。

　　台灣人口老化速度又快又急，內政部最新統計，民國 104 年國人的平均壽命達 80.2 歲，其中男性 77.01 歲、女性 83.62 歲，均創歷年新高。全國各縣市，又以臺北市民最為長壽，達 83.43 歲。內政部說，從 104 年生命表資料顯示，65 歲男性平均還能再活 18.15 年，女性可再活 21.70 年；到了 80 歲，男性可再活 8.85 年，女性 10.52 年，女性較長壽。人口結構日趨高齡化，我國民眾亦需及早做些規劃。

　　內政部表示，全台各縣市中，以臺北市民 83.43 歲最為長壽，台東縣民 75.22 歲最低。

　　由以上資料顯示，人口老化速度年年增加，要如何規劃您晚年生活很重要，要活出健康才有餘命的快樂與幸福。

　　　　　　　　　　　　　　　　　　　　　2017.05.24

112 昔同事情誼

　　今上午在台大文康活動中心學新歌，劉珂矣唱的「半壺紗」，淑美老師一句句、一段段認真教學，讓半百年齡退休的我們學唱，配合大銀幕卡拉 ok 伴唱，事後幾位友人即可上臺歡唱，可見教唱很有成果。志恒小姐事先將學唱歌曲以 E-mail 及 Line 網路傳送，有人事先可聽學，學唱容易，可見資訊之便。

　　近午與俊歌、福成師兄同往長興街男五舍，訪茂榮輔導員，他以好的高山茶及便當招待我們幾位老同事，歡談二、三十年往事，得知他已在台大服務 32 年，退休後留在宿舍擔任輔導員，見到之屏老弟，大家曾是老同事，倍感親切，我好奇對學校目前宿舍住宿與服務情形，請他提供如下：

　　本校男女學生宿舍總計 21 棟，住宿人數 8900 餘人，提供健康、安全、舒適的居住環境。並做如下列服務：

- ·尊重學生需求，提升服務品質
- ·推動生活教育，培養良好品德
- ·凝聚舍區意識，發展宿舍學習環境
- ·鼓勵學生主動參與，塑造多元與創新的宿舍文化

重視身心障礙、偏遠、少數及僑外學生的特殊需求與服務

　　憶昔日台大有將近 50 位軍訓教官，負責軍訓教學與宿舍服務工作，如今已由輔導員取代！軍訓室只是業務需要，軍訓課只剩少數男生選修。感嘆時空轉換，物換星移，人事全非，真是此一時彼一時也。當年多位同事仍留在學校，從事宿舍輔導工作，精神可佩！特留文，同事情誼依舊值得懷念。

2017.05.26

113　過節兩樣情

　　是否年齡情感不同，每逢佳節，有別與往昔的心情，沒有那分期待的欣喜。吃粽子、吃月餅、年夜飯象徵中國的節慶，那是孩童甜蜜的回憶，是苦日子我們所嚮往與期待的。

　　我們家小孩，從小吃慣姑媽包的南部粽子，今年家姐百忙中提前包好，內餡有小朵香菇、鹹蛋黃、夾心肉、花生、蝦米、魷魚，我能如數家珍。吃了許多粽，還是姐妹們包的口味最好！姐姐這點手藝家傳母親，又教會幾位妹妹，幾年來姐妹情深，分工合作包粽，我們坐享其成，這未嘗不是母親當年愛的傳承。

　　明天即是端午節，我知道往昔除了吃粽子以外，當天家家戶戶在門口掛上艾草、菖蒲等等。這些習俗漸漸失傳，如今象徵性的划龍舟、吃粽子還能換起兒時的回憶！我找到了答案，富足的生活，隨時都可以吃到應景食品，又何需等到節慶？

2017.05.29

114　優質環境（生活機能）

　　居住環境是否優質？您可以檢視生活機能是否良好？什麼是生活機能？就是指居住環境的生活便利性，例如附近有學校、大賣場、捷運站、便利商店、超市、火車站、公車站牌、圖書館、公園……等。

　　住家附近有運動中心及公園，可以享受室內外健身、健行、游泳及各項運動，如醫院、市場及捷運徒步可到，餐廳、超商購物不必遠求，衣食住行育樂帶來生活便利，您居家生活機能就不錯。早期五層樓公寓及透天別墅，對於上下樓梯不便者，晚年不得不選購都會區大廈房子，這是生活機能的改善，無障礙空間成為公共場所必需，如公園、醫院及公車等，對多數人的方便是公共政策考量因素！您會感覺到，在都會區生活的人，外在環境優質是比鄉下要完善許多，城鄉差距是大環境無法立即改善的。

　　因之購屋前，如能考量生活機能好的外在環境，將提升您優質的生活品質。現代都市大多居住大廈，要考量交通進出方便，屋子空氣流通，採光好，視野寬闊等條件，是內外在環境良好，就是好的風水。我檢視目前住處，醫院、學校操場、芝山公園、雙溪河濱公園近在咫尺，每天徒步健走運動方便，SoGo百貨公司及大葉高島屋步行可到，購物方便，生活機能是優質的。

2017.05.31

115　龜山島蘭陽悠遊行

　　數年前參與台大同仁第一次踏上龜山島，與幾位同事徒步一口氣登上最高燈塔，401 高地計 1706 個台階，全長 1400 公尺，但每一步都一直往上爬，腳程快來回四十分鐘，我親自走過，記憶猶新，此耐力及體力自我考驗。今天運氣奇好，無風無浪加上陰天，在海上無浪前行，並繞島一圈，上岸後即有解說員介紹沿途景觀，未開放自由行。如今每天開放 1800 人登島，旅遊者絡繹不絕，在島上停留二小時，即原船返回烏石港，海巡署人員一一清點人數。

　　午在烏石港享海鮮餐，下午行程第一站望龍埤，健走於環湖木棧道，兩旁聳立之落雨松青翠，碧綠的湖水清澈見底，魚群待人餵食，形成一幅很美的餵食圖畫。徜徉於青山綠水湖畔，怡然自得，清閒自在。車程一小時後，我們來到第二站「仁山植物園」，這是由宜蘭縣政府規劃的植物園區，內有東方庭園，灰瓦白牆的中國式，及西方庭園歐式風貌！有導覽解說員，陪同介紹園內植物生態。雖然只有海拔 50 到 500 公尺高度，但徒步環山大道而上，要花上約半小時，不常健走者是體力考驗。庭園景觀步道約 3 公里，下山走台階傷膝蓋，但路途較近。一趟仁山植物園，來回花兩小時餘，大家已汗流夾背。

　　晚餐在田老爺時尚會館享用一桌 5000 元無菜單料理，每道

菜色精緻，此無菜單創意料理是其特色，餐後大家帶著愉快心情回返臺北，寫此文全台正飽受梅雨淹水成災之苦，可見我們是日旅遊運氣好。第二次登龜山島，特以為誌。

2017.06.04

116 台大憶往

　　應邀在台大退聯會「談古說今」的一場講座，談到二十幾年前在台大服務的見聞，摘錄如下：

　　一、南灣事件：民國八十二年九月開學前，台大五位馬來西亞僑生，在屏東南灣海水浴場被海浪冲走，是農學院學生，總教官要一位中校教官陪我南下處理，經協調附近漁船都不願搜尋，且索費甚高，我求助服務海軍陸戰隊的同學，派了一艘橡皮艇，數位蛙人，經過二天一夜的搜尋，終於尋獲，完成任務，並通知其家屬，就近火化順利辦完後事，家長甚感恩，五天後返校，接受校利表揚並行政獎勵。（我時任農學院主任教官）

　　二、教室禮節：上軍訓課，進教室先向學生問早道好，大家稀落回應，我反問大家，高中以前有無教室禮節，由班長喊「起立、敬禮、坐下」老師好，同學以笑容默認，何以進了台大就忘了禮節？原來是台大提倡許多自由，但我認為尊師重道是中國文化傳承美德，怎能忘本？期許下週上課改進，後來每次上課，師生互互動良好，可見適時機會教育，能見其效，不教而怪之，老師有責，可惜多數老師們從不要求，學生積非成是。

　　三、何以打架？宿舍教官問：何以博士、碩士班研究生會

打架，我回說，他們從小學求學一路走來，功課好 IQ 高，然五育中的德体群美四育仍停留在小學程度，君不見小學生一言不和就打架，心智群育不成熟，美國哈佛大學丹尼爾・戈爾曼在 1995 年發表<<EQ>>（Emotional Intelligence）一書，在全球掀起了一股強勁的旋風，亦使得情緒智商（EQ）一詞變成時下流行的名詞，原來情商比智商來得重要，情緒管理成了工商企業及各階層領導者所重視，後來才有「IQ 高 EQ 也高者春風如意；IQ 高 EQ 不高者懷才不遇；IQ 不高 EQ 高者貴人相助；IQ 不高 EQ 也不高者一事無成。」的公式，因此傳統的五育並重，教育是要均衡發展。

　　四、女生看 A 片：二十幾年前台大一位女教授公然宣布 O 月 O 日在某教室看 A 片，以利兩性教育，此訊息傳開校園，驚動各報爭相期待採訪，校務會議中討論，決議處分教授及女生發起人，違背社會善良風俗，平息輿論爭執，事後女生不平說，為何男生可以看，女生卻不能看，我的回答是男生是私下偷偷看，而女生是公開說要看，違背了有些事說了不能做，有些事做了卻不能說原則，各位思量有無道理。

　　以上例舉四則，是個人在台大服務見聞所感，提供未與會者參考。

2017.06.07

117 機不可少

　　此「機」是指手機。現代人無論男女老幼人手一機，在捷運上、在公車上、在行走中，幾乎在任何場合上，人人成了低頭族，流行之媚力不可擋！從排斥到接受，如今一日無機，則不知所措，魂不守舍，如此形容不為過。

　　為何有如此刻骨銘心的感受，自己看到周遭人如此癡迷，自己亦復如是！有感最近幾年來不停更換手機，無他，不是遺失、摔壞、不然就是故障。尤其送修幾天，無機可用，打電話接電話都有問題。送修前資料要存檔，否則紀錄全失，重建立通信錄或 Line 名單大費周章！日前更換一支較好，上萬元空手機，服務員告知，原先資料立刻轉移存檔，連 Line 資料亦不會消失。資訊功能日新月異，進步神速，怪不得一支手機用不到一、二年必更換。

　　傳統手機只有接聽與發話功能，較單純不易損壞，可以用上幾年甚至十年以上。今智慧型手機結合 3C 產品，如小型電腦、電話、通訊器材消費性電子等，功能多，操作複雜，易故障。利與弊相對下，只好忍受其價錢昂貴。年輕人不惜購買最新蘋果 iphone7 手機，儘管荷包失血，亦在所不惜。

2017.06.08

118　壯志未酬

　　導演齊柏林空拍墜機亡，才在 6 月 8 日——國際海洋日這天，舉辦《看見台灣 II》開鏡記者會，的知名導演齊柏林，今（10）日竟傳出不幸在花蓮執行空拍任務時身亡，大家難過不捨。

　　2013 年，齊柏林導演以一部生態紀錄片《看見台灣》震撼台灣觀眾，高空視角引領大家看見台灣的美麗與哀愁，感動許多人的同時，也凝聚起民眾對於環境保護的心，發揮出超乎想像的影響力。歷經三年，齊柏林壯志再起，想在《看見台灣 II》中突破國家的限制，以全新的拍攝器材和技術，開啟跨國拍攝計畫，觀眾將可以看見台灣、日本、紐西蘭 、馬來西亞與中國大陸等地的空拍畫面，甚至會潛入海底，窺看海洋生態樣貌。齊柏林期望觀眾理解到環境問題不分國界，同一片天空下、同一片海洋中的我們，誰都無法置身事外。用一句軍人戰死沙場，來形容齊柏林，雖壯志未酬，但死得其所，為終生志業而犧牲生命，值得表揚，留名世人，其實他是活的精彩，死的壯烈，人生足夠了。

　　這兩天電視媒體一直播放齊柏林之墜機意外，有感生死之無常，短短 52 年的生命能永留青史，亦是死而無憾。以下簡介其生平如下：齊柏林（1964 年 12 月 27 日－2017 年 6 月 10 日），是一名臺灣導演、攝影師、環境保護運動者，臺北市人，籍貫

河南省安陽市。受首任交通部臺灣區國道新建工程局局長歐晉德賞識，負責以空拍的方式記錄重大工程，尤以公路建設為多，自此開始長達他 20 餘年的空拍工作。主要拍攝題材有臺灣地景、臺灣河流、臺灣生態，並向臺灣大眾提倡環境保護。

2016 年三立電視邀請齊柏林為新戲《一千個晚安》擔任視覺總監。同年 10 月，齊柏林成立了「齊柏林空中攝影影像資料庫」，將拍攝了 25 年來的台灣影像整理上線，可直接在線上進行影像授權。

2017 年 6 月 10 日，齊柏林搭乘凌天航空空拍直升機，在拍攝代表作《看見台灣》續集《看見台灣 II》的空中勘景途中，於花蓮縣長虹橋附近山區墜機罹難，享年 52 歲。

2017.06.11

註：簡介資料來自網路

119 照片今昔

　　父親留下許多珍貴的黑白照片，最早一張是民國 29 年底父母結婚照，父親家族有祖母、大伯、二伯、三伯、叔叔五兄及大姑、二姑、三姑、四姑，母親家有外祖父母、三位舅舅、二、三姨媽，兩大家族合照，惜經過七十年後的今天，多位親人已先後離開人間，感嘆歲月無常。

　　父親有心，在我們孩童時，每年必有家庭合照，從姐姐一人，到我姐弟二人、三人、到兄弟七人的成長中，年年於農曆年留下全家福。看到初中一、二、三年級到高三畢業的年少容貌，至今已逾一甲子，怎不令我們兄弟姐妹們無限懷念與感傷。逝去的歲月無法挽回，照片中，年少的容顏，依稀在記憶中永遠留存，就像電腦軟體可以隨時開啟。感嘆寫了如下詩文：古今帝王將相今何在？ 如今黃塚一堆何處覓，一生功名成就轉頭空，何苦計較眼前得與失。人生不滿百莫愁憂苦，何不樂活當下自逍遙。

　　二、三十年前洗彩色照片貴，如今黑白照片加洗更貴，需求量少之故。昔照相很難，要購軟片，只限 20 或 36 張。如今數位相機，裝上記憶卡，可照數千張，且存放電腦資料內，隨時可觀賞。二十多年來照相變革大，現在手機照相隨照隨傳，數位相機已被手機取代，這是資訊革命。父親喜好照相，如今

我們兄弟姐妹亦如是！只要有聚會必留影，但子女卻不喜愛，也許是得之易不珍惜。

　　如今家中保存三、四十年來的相本，翻閱時有美美的回憶，只是佔了許多空間，保存亦是累贅。

2017.06.13

120 六一五風雨無阻

　　今天梅雨不停，但雨勢卻阻擋不了大家為了自身權益，不遠「千」里而來的行動。是什麼力量，讓成千上萬的群眾走上街頭？是抗議政府政策不合理，因為政府年金改革，一例一休，同性婚姻合法化以及轉型正義的不公不義違背了民意。

　　來自全省軍警、公教及勞工走向街頭，是執政無能，諸多政策引發民怨，官逼民反！反年改包圍立法院，在立院外抗爭，群眾走到中山南路並癱瘓忠孝東路。我是成千上萬者之一，見證群眾街頭運動的場景。有人說參與群眾運動者的智商只有 13 歲，因是盲從而失去理性，跟隨搖旗吶喊，我相信。

　　最團結的是來自軍事院校的一群退伍軍人，尤其黃埔陸軍官校及復興崗政戰學校。他們是以期別號召，向心力很強，發揮團隊精神，口號行動一致，跟著校旗前進。我同期同學有遠從台東、高雄、近從中壢、宜蘭趕來，讓我們臺北同學感動！相見歡同學及眷屬多達 36 人，在人群中見到許多學長學弟是因緣條件下的重逢，大家一條心，為無能政府齊聲討伐抗議。一年來我參與無數次的街頭運動，此次在風雨中走向中山南路、忠孝東路，再回到凱道，走到小英官邸，終生難忘，這些場景相信大家都看到，執政者當反省才是？

2017.06.15

121 福中要惜福

　　人在福中不知福？因為沒有比較？到國外久居者，晚年多數仍然落葉歸根，回到台灣安居，究其原因，台灣有好的醫療健保、有好的社會治安、有好的生活機能，24 小時隨時隨地可搭乘計程車，這些都是國外所不及。雖然幾十年來經濟不景氣，國民所得未提升，但眼見的是國人出國觀光旅遊每天成千上萬、餐廳高朋滿座、百貨公司擠滿人群，這些現象足證台灣人人生活安定且富裕。

　　臺北街頭百萬名車滿街可見，是生活物質的提升，從大賣場、歌星演唱會、各種球賽一票難求。週末假日許多餐飲業休息，人人懂得休閒娛樂，如遊樂區、電影院、娛樂場所、卡拉OK、舞場凡公共場所人群熙攘，這是久居在國外者所想、所羨慕，但久居台灣者習以為常，人在福中不知福。可喜的是心靈精神生活亦提昇，宗教活動熱絡，佛教、基督教、天主教的法會、禮拜洗滌人心。各種講座如醫學或講經說法都能淨化身心靈。

　　年來由於執政者一意孤行的錯誤政策，引起民怨反彈，軍、警公教、勞資等，紛紛走向街頭抗義。政府假公平正義之名，行假改革之實，但無能的領導者，卻聽不到人民吶喊、不平的

聲音，造成國家社會的動盪不安，政治錯誤影響經濟衰退，此文寫出心中的無奈，不知您以為然否？

2017.06.19

122 潮流不可擋

　　有感民意如流水，潮流不可擋，好有一比，您如不吃麥當勞，當有一天食物來源只有麥當勞，您不吃會餓死，形勢比人強，您能不吃嗎？二、三十年來衣服流行，亦是受到市場供需所左右，記得買西裝、買西褲，流行大領子雙排扣，都受到市場所影響，今天年輕人的西裝是貼緊身，我們看起來很不搭調，但年輕人人都如此穿。這就是潮流。

　　無法解讀流行的媚力，只能跟著走，食衣生活需求尤是。四、五十年代抽煙是上流社會的表徵，如今醫學證明抽煙有害健康，在政府明令禁止下，如今公共場所禁煙法令下，大家奉行不逾。時尚流行不可逆即是，價值觀會改變，昨是今非亦是無法解釋，天下事本來沒有對錯，時空環境及人事地物都會改變對錯。

　　每天要面對食衣，最明顯是潮流，速食文化已顛覆傳統烹煮，誰能預測再不久的未來，機器人可以取代人類，那麼最大的改變是飲食文化；衣服的潮流全部依賴電腦設計剪裁，傳統西服旗袍師傅無用武之地，亦為潮流所淘汰！以上只舉例食衣的時尚潮流，我們無法擋，現代人不跟隨潮流走，勢必為流行所掩沒。

　　幾十年來手機的變革最大，多少人堅持不用智慧型手機的

同時，傳統手機在市面上已不生產，無零件可更換，您心不甘情不願，亦要換上 3C 產品，相機尤明顯，除了專業攝影、賞鳥協會以及野外生態美景之拍照，傳統照相機已被手機取代，這正是說明流行的媚力不可擋，您說是嗎？

2017.06.20

123 麗星郵輪玩樂

　　旅遊條件首要有閒有些錢，重要是身體可以勝任吃喝玩樂，更重要是能走動的行動力（體力），如能相約志同道合好友同遊，人對了什麼地方都好玩，即使舊地重遊亦值得，這是我體會旅遊的感想。

　　麗星遊輪首航之初 1993 年，當年我們曾相約幾位好友同遊，在船上打麻將。事隔二十多年後的今天再度重遊，體會不同玩的心情！許多人為博奕一賭而來，也有人為採購日本醫藥用品而來，我們卻為享受吃喝玩樂及悠閒自在而遊！這樣的心情上了船，大家都建議關了手機，沒資訊沒電話無罣礙，才能享受身心真正清靜。

　　我們八人中其中七行動一致，唯獨一人迷上博奕，兩天晚上熬夜一賭，不見蹤影。為輸贏身心疲憊，得不償失。原來遊輪對賭客有積點誘因，可享 VIP 優待。三天兩夜，分別享受船上免費提供的中、西餐美食及泰式料理、上、下午茶、點心，晚上包廂卡拉 OK 歡唱，每人台幣 350 元消費兩小時，提供啤酒點心及水果，物超所值。因美食當前食之過量，只好在船上甲板走路運動，海上風平浪靜，在船上行走仿如陸地，幾位同學天南地北、海闊天空無所不談，體會聊天可以增廣見聞。

2017.06.25

124 參觀石垣島鍾乳石洞

　　到過石垣島的人，必遊景點之一是鍾乳石洞，自稱是日本成長速度最快的珊瑚礁，經歷 20 萬年歲月形成，當然比起中國廣西桂林的鍾乳石洞，是小巫見大巫，小而美來形容很恰當，全程走完約半個多小時，很適合體力或腳力較不便者參觀。

　　麗星郵輪抵石垣島，停留約六小時，先辦出境手續，才能下船，約有三百多人預約登記繳費，他們分乘八部遊覽車前往景點參觀採購。我們自由行搭計程車參訪很方便，計程車司機只懂日文，語言不通，他拿出一張各景點地名，我們指名到購物商店及此地聞名的鍾乳石洞。石垣島面積 222.6 平方公里，是沖繩縣內僅次於沖繩島和西表島的第三大島，也是日本面積第 21 大島。比臺北市略小，人口數不到 5 萬人，因此車流量少、道路簡單、所有計程車都是日本製小而美 1500CC 的國產車，隨叫即到，非常方便。

　　參觀鍾乳石洞後，有人提議健走回船，有四位男士響應，我們沿途看到此地人文、地理、建築景觀！來到一家大超商，看到盡是熱帶蔬果，香蕉、鳳梨、西瓜及蔬菜，應有盡有，仿如在台灣！可見島雖小，因氣候炎熱適合栽種，因此農作物不

匱乏。大家只花一小時行程就走回碼頭，滿身是汗，全身舒暢，
上了船沐浴後相約享美食。這是短短兩三小時的參訪。

2017.06.27

125 心無罣礙故無恐怖

　　「無罣礙故，無有恐怖」，遠離顛倒夢想，自能瀟灑自在。我很欣賞般若波羅蜜多心經這段話，此語在我們日常生活中處處可見。前文曾寫道：旅遊的諸條件，未曾提到心無罣礙故，無有恐怖。今詮釋以下事實：做任何事，心中有罣礙，必遲疑、猶豫，因放不下的懸念讓您裹足不前！今舉旅遊一事，您具備有錢、有閒、體健、有活力，能吃喝玩樂、能走能動，但心有罣礙，則不可行。

　　什麼是心中的罣礙呢？最常見的是家有花花草草的盆栽、飼養寵物、家有孫子、還得照顧接送上下學，這些都是心中放不下的罣礙。不要小看這生活周遭的小事，多少父母為子女犧牲青春歲月，待退休之後還要為照顧孫女而放棄出國遠遊。許多為人長輩心甘情願無怨無悔，套句老話：「歡喜做甘願受」。國內旅遊幾天走不開，國外旅遊七、八天或十幾天更不可行。具備有形的旅遊能力，卻讓無形條件束縛，無法遠行，心中有罣礙成了絆腳石。

　　捨得花時間、花金錢，亦是旅遊必要條件。我一位朋友到阿拉斯加自助旅行，自行租用越野吉普車，費時二個多月，花費近百萬元！有此能力亦要有心。他曾力邀我同行，但我有諸多時間上不允許的罣礙。未能如願。　　　　　2017.06.27

126 師傅難傳承

　　各行各業都有師傅，此文所談僅限於西裝及旗袍師傅，因為傳承將面臨斷層。住家附近一家百樂門西服店已開業三年餘，我好奇拜會，與執行長廖先生聊起，得知五十年代他小學畢業即當學徒，拜師學藝要花三年四個月，月薪二、三十元，老闆提供餐食，經過多年後學成，才獨立開業至今，倍極辛苦。

　　百樂門是大陸師傅招牌，他拜師後得以傳承，如今已創業五十多年。早期在中山北路靠南京東路處，後來青山西服以更高租金搶租，好友請他來到高島屋內營業，因全年無休很辛苦，目前自行在忠誠路營業。

　　他告訴我勞基法及即將實施的一例一休對勞資雙方產生對立是很正常的。現在年輕人學藝一年至三年，學成後即離去，師傅每月要付他二萬多元，另勞健保四千多元，與過去師徒學藝截然不同，如今大部分師傅授徒意願不高，多年後台灣西服、旗袍師傅恐有失傳斷層之慮。

　　廖師傅積五十多年實務經驗，製作西服為您量製，不必繪製紙範本，隨心剪裁無誤，佩服其才藝，好的西服是靠師傅手巧靈活，體現人衣合身之美，口碑是人人相傳。

　　當今社會擁有一技之長，自行創業者不必求人，如醫生、廚師、裁縫師等行業如是，他們畢生競業學習，備極辛苦，這是專業謀生。

　　除了醫生要有完備的學經歷，不斷吸取科技新知，後者行業，擁有一技之長，積一生實務經驗，是別人所不能取代的。有感拜師學藝的年代，如今蕭條沒落，尤其女性穿旗袍不如男性穿西服普遍，最大衝擊是旗袍行業的師傅。您否同感？

2017.06.30

127 有情與無情

　　從有情到無情,是緣起到緣滅,是生命歷程的必然!親情、友情、愛情到同學情,有一天會因一場誤會或一句話傷情,彼此不相往來,情漸疏離,這是生活過程的遺憾,亦是傷情,亦是無情。只因彼此的執著,放不下、想不開。

　　社會上常有斷絕父子、父女關係的新聞,這豈不是親情之緣滅?夫婦離異,形同仇人;友誼破滅,形同陌路;同學反目,不相往來等等。情緒管理非人人能做得到,彼此讓步,有一方堅持就無法談和,彼此僵持結果,永遠無法復合,以上現象在生活中可見。

　　一場誤會,一句傷情,歲月有情,可以沖淡,歲月無情,亦可忘懷!可怕的是:無明的執著卻放不下。終究不能心平氣和,何以圓滿究竟?

2017.07.03

128 但求身心康健

　　基本上能持之以恆的運動，有田野生活的勞動，都是身心康健的條件。此文強調運動與勞動，前者不論什麼運動，打球、爬山、健走、游泳、慢跑、擇一適合自家環境，方便許可下，能天天做，日日行，持之以恆，畢竟其功。退休二十多年，我天天健走在芝山公園步道；後者諸如園藝、種菜、養花、除草、等陶冶性情的勞動，我沒此條件，只能與友人分享好文、唱唱歌、跳跳舞，都是讓人心情好的娛樂。

　　網路上說「世界上最好的長壽藥」就是：喝水、睡覺、走路、唱歌、群裡冒泡這五樣，兼具了身心活動。在這個世界上，什麼都不是你的，唯有健康的身體是屬於自己的。這段話語很有哲理，願與所有認識的友人共勉：不要炫耀你的錢，死了那只是廢紙；不要炫耀你的工作，你走了，無數人會比你做的更出色；不要炫耀你的房，你去了，那就是別人的窩；不要炫耀你的車，你離開了，車鑰匙就握在別人手裡了！你可以炫耀的是你的健康，當別人都走了，你還可以曬著太陽，喝著茶，享受著健康的生活。健康是一種責任，世界上只有身體是自己的，好好珍惜身體，要知道老健是自己和子女最大的福氣。

　　身心康健包括生理與心理兩方面，體能體力屬生理，心中快樂幸福屬心理。欲、嗔、癡，名「三毒」。欲是貪愛五欲，嗔

是嗔恚無忍，癡是愚癡無明，因貪嗔癡能毒害人們的身命和慧命，這也是一切煩惱的根本。

　　生理的毛病表現在身體的病痛，易覺察；心理上的病症是負面、悲觀思慮太多的人，自己不易覺察。我自信此生做到：心地慈悲、存善念，個性開朗、能豁達，與人相處、求和睦，不計較、不比較，問心無愧，心安理得，一切隨順因緣，樂活當下，自在快樂，能求圓融智慧的人生，心願足矣。

2017.07.06

129　健走思情

　　每天有晨昏健走的習慣，健走是體能的運動，身心靈感覺很自在，腦海中可以海闊天空暇想，亦可靜坐思情！佇足看看樹林，大葉榕高達數丈，綠蔭盎然，炎陽下好乘涼。逍遙自在於芝山岩環山步道，原木林茂盛，是夏日避暑好去處，我享有它，並擁抱它。

　　炎炎夏日，榕樹下乘涼，享受大自然的洗禮，遠山美景盡在眼前，何苦到名山聖地遠求？夏天我坐臥徘徊芝山公園環山步道，避開炎熱太陽，冬天則健走於雙溪河濱公園步道，享受溫暖的陽光，仿如置身於世外桃源。

　　炎炎夏日，看到一些釣客，不畏酷暑，專心垂釣，為釣魚而釣，非消遣而釣，釣魚誘因使然。我尤其喜歡冬天的太陽，走在溪流旁，水蒸氣與陽光產生陰（負）離子，呼吸空氣的維他命，心曠神怡。兩岸溪旁，見到許多鳥群結伴覓食，白鷺鷥與夜鷺佇足凝視溪中魚，萬物求生存本能，但求溫飽。成群吳郭魚，正是釣者桿上客，鳥為食亡，魚為餌亡，活現眼前。

　　一草一木，一花一樹，只要留神欣賞，賞心悅目，都是大自然之美！忙碌的生活，有如此閑情逸緻，端看心境。六祖壇經：「自性迷佛即眾生，自性悟眾生即佛。」佛與眾生的差別是

是在轉念，所謂轉迷為悟，轉識成智，觀念一轉變，人生就不一樣了。永無退休的人生，就是精進，欣賞大自然美景亦如是。

2017.07.09

130　談同學情

　　此生能一起當同學亦是緣，回憶小學同學是「地緣」，因彼此住在城鄉或是市區（眷村）才有機會進入同一所學校。初、高中因升學考試，考上其他縣市學校，可能要通勤或住校，來自不同學校的人，又成了同學。大學那更是來自全省地區，這是「考試緣」，如此說來，同學情緣不易。

　　小學同學情最純真（天真可愛），初、高中同學最純潔（純純的愛），大學生都已成年較理性（成熟的愛），雖是同學，但一生中能交往成知己者幾稀！所以珍惜可貴。所交朋友志同道合，可長長久久，如小人之交則不易。軍校同學四年朝夕相處，同甘共苦，榮辱與共，相知相惜，不在話下。這些共同屬性，成就了革命情感。

　　我談另類同學情是社區大學，來自住家社區附近，因共同的興趣，選擇同一課程，沒有年齡、學歷等限制。我們這一班「心靈哲學」是以身心靈探討的一門課程，為追求終身學習，成就好的因緣，大家成了同學。每個月聚會一次，或旅遊、登山、健走、踏青。少不了聚餐，一年十二次，至今將近十年，持續了七年的教室學習，彼此成了終生的朋友，難得這份同學情。

　　如今我小學、初、高中同學仍保持連繫者尚有二、三十餘人，這是長久的情誼，復興崗每兩年一次同學會友情最深厚，社大同學每月聚會最期待

2017.07.12

131 師兄相見歡

　　佛門弟子對男女信眾統稱「師兄」,非關年長,亦有表示尊重、恭敬對方的意思。再度來到佛光山,每見迎面而來師父,人人必合掌,口中稱誦:「師父吉祥!」「師父阿彌陀佛」。來到佛光山,人人感染這分佛門禮貌。報到後,見到多年未見師兄,大家欣喜相逢。

　　印象中,全國教師生命教育研習營,我從第九期開始參與,前後有 15 年以上,每年都很少缺席,如今仍保存許多當年與師父們的大合照!這幾年來電子資訊帶給大家方便,隨照隨傳的 Line,取代了全體教師在烈日下的大合照,亦是電子資訊的大革新。

　　這幾來年只參與佛學夏令營,今年因主辦單位接受大家美意,有感教育與研習刻版教條印象,遂將佛學夏令營更名為教師生命美學營,主題以國民核心素養的三大面向及九大項目,如何才能落實在國小國中及高中三階段,由參與的各級老師研討。大家都認同佛光山提供最好的教學題材內容。可惜今年參與人數與往年相較,顯然減少許多,三天半的學習,大家交換心得,集思廣義,收穫滿滿,並留下珍貴的回憶,相約明年再見。

2017.07、16

132 殊勝早課

　　有機會來到佛光山，必參加早課，誦經禮佛莊嚴殊勝，數百人齊聚大雄寶殿唱誦，釋迦牟尼佛、藥師佛及阿彌陀佛三尊大佛現前，內心油然昇起禮拜，三皈依的佛、法、僧唱誦完，必禮佛跪拜三次，表示內心的虔誠，每次都令我感動。

　　對一向早起的人來說，參加早課只要提前一小時起床，時間就很充裕，對一向晚睡晚起的人，在生理時鐘是很難調適。四天早課唱誦：「觀世音菩薩普門品及大悲咒」，前者誦經速度尚可以跟進，後者速度甚快，眼耳口都配合不上，但看他人熟練背誦，內心崇敬不已，可見他們是很精進。

　　大家齊聚大雄寶殿內，齊誦經文，一可靜下心、二可隨誦念、三可放下我、四可鍛練五體投地的膜拜，對身心健康有很大助益。持誦雖不懂經文之意，但多少善男信女卻能跟上齊誦，金剛經，大悲咒、佛說父母恩重難報經、般若波羅蜜多心經等等經文我都曾唱誦，卻都不能朗朗上口。別人是經過十、百回，甚至千萬遍的磨練，才能心領神會。每年參加佛光山活動，我都發心樂於參加誦經早課。

2017.07.17

133 梵音詠唱音樂會

　　可以容納 2500 人的國父紀念館大會堂，今晚約有二千人參與音樂會。這是由蒙藏委員會為慶祝 2017 西藏文化藝術節所主辦，在因緣俱足下，我有幸聆聽。

　　今年是第三屆舉辦「西藏文化藝術節」，來自青藏高原的文化饗宴。聽到天籟美聲女尼瓊英卓瑪，與享譽國際的藝術團體優人神鼓共同演出，是很難得的機緣，節目內容以柔美的梵音詮釋佛法。

　　節目分上、下半場，中場休息 15 分鐘。佛曲梵唱由瓊英卓瑪唱誦及優人神鼓演出，配合字幕解說，讓觀眾容易心領神會。看到由吉他及洞簫、打鼓的精采表演，讓人耳目一新。節目尾聲，由瓊英卓瑪領唱的「六字大明咒」帶動大家齊唱，表現了莊嚴神聖，令人動容。這是一場殊勝的音樂饗宴。

2017.07.18

134 殺時間

殺時間就是打發時間，消磨時間，自己無聊時找人同樂，友人陪您一起消遣，對您來說是殺時間，對別人來說可能是浪費時間。時間是無限長流，生命是有限歲月，如何以有限歲月的生命殺無限長流時間？其實您殺時間的同時，是讓時間折煞您有限的生命。

友人同席吃飯，感嘆時間對人歲月的無情，人何德何能殺時間！從古至今，多少帝王將相、英雄豪傑都被時間的無常掩沒了。當您殺時間的同時，是讓時間殺掉您生命的長度。殺時間是浪費自己生命，在浩瀚宇宙長流中，人的生命有限，如滄海一粟，微不足道，有限的生命要珍惜，從事有益身心活動，何苦要殺時間？

凡能事半功倍的做事效益，是珍惜時間、愛惜生命；反之事倍功半的人，已無形中浪費時間。年輕時人人忙於事業打拚，待退休後才有休閒娛樂生活，莫把休閒生活當成無聊的打發時間。您必須認知：對身心有益的活動即是享受人生，最怕老年失智，失去生命存在的意義，此時是痛不欲生！有福報的人是是可以追求善終，長年臥病的人，除了自己痛苦也帶給家人不捨的折磨苦痛。希望好友們好好享受餘命的晚年，能吃喝玩樂

盡情把歡，那是珍惜生命的長寬廣度，而非殺時間的打發時間。
共勉之！。

2017.07.22

135　供需決定價值

香蕉是台灣大宗特產水果之一，但近來價格起落受天候影響很大。目前市面上一台斤 10～15 元，幾個月前每台斤七、八十元。問何因？因量多而價廉；因量少而價貴，可見供需數量決定價格。

經濟學上基本理論，以價制量或以量制價的供需原則，人人都懂。但量產受到天候與人為的操控，颱風豪雨季節蔬果受到災害，量少價貴，一顆高麗菜叫價二百多元！量產便宜到一顆幾十元，其他葉菜類亦如此。大家要承受，只好少吃少買。物以稀為貴是真理，時空決定價值亦如是。一件物品在不同地點賣出不同價格，同理甲地與乙地同樣產物，價格有別，日前買西紅柿（番茄），問價一斤一百元，回稱因乾旱產量少，可見蔬果受到外在因素影響至巨。

人人都有矛盾的心態，愈貴東西愈想買，便宜就不珍惜！同樣一件衣服百貨公司要幾千元，地攤幾佰元，大家會選擇前者，自我安慰說不會有假，這就是心理作祟。也許虛榮心亦有之。喜穿名牌衣服、帶名牌包包，是否亦是此心態？時下年輕人都穿戴名牌衣帽，看在我們眼裡，一雙鞋六、七千元，一頂帽子幾佰元，這是普世心態，見怪不怪。

2017.07.23

136　眞實體驗

　　炎炎夏日，濃密樹蔭可避暑，寒冷冬天，烈日陽光可暖身。冬天的太陽人人喜歡，夏日的太陽人人畏懼，同樣是太陽，四季變化感受不同。如同一個人，喜怒哀樂；愛恨情仇；悲歡離合，因情緒起伏，讓人感受有別，只因人是情緒的動物。

　　雨農國小靠陽明醫院的一道圍牆，約有二十棵的榕樹，成為我週六及假日健走的樹蔭步道，即使太陽高照亦可避開炎熱。芝山公園環山步道，高大的大葉榕、欒樹、相思樹滿山的樹林是我平日最好的避暑盛地。我享受夏日的避暑，因為濃濃的樹蔭，我享受冬天的太陽，在雙溪河濱公園健走，那是大自然提供的好去處。

　　體會到前人種樹後人乘涼的功德，如臺北青年公園、大安森林公園、我家附近的芝山公園、忠誠公園，濃密的樹林，成了炎日避暑好地方！臺北許多咖啡廳、舞廳是夏日人人喜好休閒場所，只因冷氣房內可避暑。在咖啡廳可見許多年輕人，或三五好友或獨自一人帶上筆電，叫杯咖啡，幾小時的時間消暑又消遣，卡垃 OK、舞廳，許多人享受避暑而來。近週來全省高溫超過 37 度 C，體感溫逾 40 度 C，全球溫室效應下，氣溫冷熱異常，我們必需無奈承受。

2017.07.25

137 住者有其屋

　　父親當了一輩子的基層員警，雖然後來擔任十幾年派出所主管，但辛苦一輩子卻買不起房子！退休到臺北是租房子，對父親來說是一生的遺憾。但在四、五十年代的環境下，確實許多軍公教人員是如此。

　　究其原因，早起軍人有眷村可住，各縣市員警都配有宿舍，雖是舊式日本留下榻榻米房子，但在當年是沒有住的煩惱。記得讀小學時，隨父親職務調動而常轉校。當年公務員待遇菲薄，那個年代有公家宿舍可住，何苦想到購屋？能溫飽已知足，況且養兒育女多，食指浩繁，一輩子有公家宿舍者，沒有住的壓力，安居一生，許多公務員因有公家提供住宿，一輩子失去買房子的動機。反觀七、八十年代的我們，結婚初期租房子，十年內靠著夫妻雙薪收入，刻苦節儉，買了房子，可以說是當年共同的時代背景！人人勉強貸款，終有屋可住，經濟逐漸改善後，有人甚而有了第二棟房子。

　　八、九十年代後出生的孩子，因為少子化，他們將來可以繼承父母親留下的房子，沒有貸款購屋的金錢壓力！在臺北寸土寸金，一棟房子動輒數千萬，非時下年輕人 22 K 待遇者有此能力。我們上一代父母很難有能力購屋；我們這一代刻苦貸款

買了屋；我們下一代子女反而沒有購屋貸款煩憂，我指一般普遍家庭，説來是時代的宿命。

2017.07.27

138 依賴必無奈

不不會做飯的依賴是每餐必外食，家中有人準備三餐是很幸福的，問題是，非人人有空為您做飯？如此感觸是最近右手腕因車禍跌倒上了石膏，才發現平時右手做事輕而易舉，左手卻無法取代。

左手依賴右手成習，如開電腦，使用滑鼠都是右手，當您用慣後，左手是無法取代，除非平時有練習。一旦不能使用右手，發現刷牙、洗臉、穿衣、洗澡、寫字甚感不便，事事笨拙。佩服左右手都能運用自如者，這兩天試著左手吃飯不會使用筷子，只能用湯匙或叉子，寫字更難，因平時依賴右手，缺少讓左手練習機會。

人人應試著用另一隻不常用的手，訓練刷牙洗臉洗澡穿衣，那種難度才能體會到缺少練習的無助！沒有雙手的人，都能慢慢訓練雙腳代替雙手的功能，熟能生巧，終究能克服先天的缺陷。事在人為，平時有機會要訓練左右手可以互相取代，有一天派上用場，您才不會感到無奈。不妨試試！

2017.07.30

139　情緒的主宰者

　　常言：「人生不如意事者，十常八九」，諸如小小感冒、牙疼、跌傷等小毛病都足以影響您情緒，一般人喜怒哀樂必形於色，這是受到外界人事地物所支配，是謂心隨境轉。

　　友人最近兩張信用卡先後被盜刷六筆，幸及時發現通知銀行止付，但已影響到心情。經反思為何被盜刷，才發現幾次在大餐廳用餐時，服務人員餐中會到各桌收取信用卡，回櫃台先行作業，再逐桌簽名完成結帳手續。問題出在少數服務生，已利用此空檔，偷偷複製正反信用卡，再提供盜刷者。找到問題癥結後，應如何防患？今後以信用卡付帳，必將親自到服務台，作業過程不離開視線，才能防止宵小有機可乘。

　　俗云：欺人之心不可有，防人之心不可無！人上百種形形色色，身邊小事疏忽了，損害是自己。人是情緒的奴隸，如何成為情緒的主人，遇到挫折能換位思考的人，才是高 EQ 者。不好的心情要如何對待調適情緒，做情緒的主宰者才是智者，此謂境隨心轉。特提供以上經驗分享！

2017.08.06

140 歡樂午宴

　　廣西旅遊參訪之旅，第七天夜宿澳門，翌日帶給大多數人澳門舊地重遊，不一樣的人、同樣的場景、有不一樣的回憶。中午在一家京都酒樓歡宴，大家心情特別愉快，因為八天行程順利平安即將圓滿結束。

　　幾位好友酒興之餘帶動歡唱，學影劇的歐陽學長有感八天來接近好山好水，憶起逾一甲子歲月前，小學老師教唱一首歌，他先吟歌詞，再唱小調，唱做俱佳演出，讓大家無不動容落淚，歌名是「流水」歌詞很美，特摘錄分享：

　　　門前一道清流，
　　　夾岸二行重柳，
　　　風景年年依舊，
　　　只有那流水總是一去不回頭，
　　　流水呀！請您莫把光陰帶走。

名詩人台客亦心血來潮，吟李白的「山中與幽人對酌」詩：

　　　兩人對酌山花開，
　　　一盃一盃復一盃，

　　我醉欲眠卿可去，
　　明朝有意抱琴來。

　　因有兩位唱歌吟詩帶給大家難忘很美的情境，歡樂午宴在澳門。特分享此行回憶。

2017.08.15

141　旅遊參訪文集

　　因緣條件俱足下，33 人一行廣西之行終於 8 月 7 日順利成行，亦於 8 月 14 日圓滿平安返台，為了留下美好回憶，邀請參與友人提供照片及心得，將出書文集，獲得大家贊同支持，同行者有文史哲出版社彭社長正雄及名詩人台客，答允與福成兄共同彙編，此旅遊文集預訂九月可出版。

　　出團前十天，本人意外受傷，右手腕帶上石膏不便下陪同出遊，前後八天，是責任與團隊的感召。此行以中國全民民主統一會之名組團，在崇左市受到國台辦方文宏主任、廣西龍州縣統戰部副部長台辦黃主任峰明的歡迎。四位幹部與我們共餐，把酒同歡，互贈禮物。本會黃顧問錦璋致贈書法字畫四幅，彭社長送了華文現代詩刊三本給他們，本會贈送鳳梨酥及金門高粱酒，展現兩岸和樂融融一家親。

　　此行除見識廣西諸多好山好水外　最大的收穫是能認識許多好友，經過八天同遊的生活，都熟識如故友，大家咸認不虛此行，將來有更多機會再見相見歡！

2017.08.18

142　健康是福

　　生平第一次痛苦的經驗總是令人難忘，八月七日赴大陸旅遊前牙疼，加上右手撓骨骨折，前者因蛀牙抽神經，後者與大夫商議暫緩開刀。

　　八月十四日返台，八月十五日午，新光醫院通知住院，先到麻醉師諮詢評估，再辦住院。兩人房人滿，只好住三人房，多少人病房一位難求，要排隊等候。這是社會進步生活富裕下的文明病吧！第二天下午動刀，全身麻醉，前後經過兩個多小時恢復意識，麻醉藥劑已消失，右手腕疼痛如刀割！回病房打了抗生素、服止痛劑才慢慢舒緩疼痛，第一次體會到住院動刀之苦，雖是小小外科手術，卻令人痛苦難熬，若是身體內部可想痛苦更難捱。

　　第三天上午，主刀醫師來查房，我即請教可否出院，回說下午即可辦理，前後住兩晚在醫院，我迫不及待要出院，把病床讓給需要的人，亦是功德一件。真已體會到無病無痛就是福，「健康就是福」。才要更珍惜，第一次牙疼、第一次住院，讓我終生不忘，上了七十歲年紀的人，身體機能老化是正常吧！我自我安慰。

2017.08.18

143　66 年班畢業四十週年

　　半個月前接到復興崗 23 期平章同學來電，邀請我參加他們畢業四十週年同學會，我欣然答應參加。

　　民國 64 年我擔任學生班十中隊中隊長，66 年看到他們畢業，一轉眼四十年，今天在母校復興崗舉行同學會，有幸受邀出席，我樂見四十年後一群六十多歲的他們，當年的校長許歷農上將，以 100 歲高齡上臺致詞，同學都感動不已。我與當年訓導員蔡得勝都受邀出席。

　　人生有幾個四十年？看到 66 年班二百多位同學，遠自高屏、花東、中部、來自全省各地，踴躍出席，因許多同學畢業四十年後第一次相見。這份革命情感，唯有四年軍校生活朝夕與共，才能建立。中午艷陽高照，全體人員在精神堡壘前拍大合照，齊聲大喊讚，留下永恆回憶。午宴在學生聯合大餐廳會餐，我與當年隊上學生同桌，把酒言歡四十年前往事。其他桌上同學前來敬酒，多少學生二度在研究班進修時又相逢，記得我授課思想戰，話說這是三十年前師生緣。

　　值得一提的是訓導員蔡得勝，當年是上尉，多年後平步青雲官拜中將，還擔任五年多的重要職務「國家安全局局長」。我倆相見談起四十年前共事的經歷，那是很美的回憶。看到許多同學在各行各業都有卓越成就，說明復興崗的教育是成功的。

2017.08.20

144 廣西旅遊有感 D 日

　　廣西八日遊第一天我們齊聚桃園機場，由導遊翔順旅行社王董事長魁元帶領大家完成行李托運後，分別各自出境，搭澳門航空 14：40 班機，兩小時後抵澳門，停留轉機搭 17：20 班機，一小時又二十分安抵廣西南寧。

　　進住南寧天宇酒店前，地陪先帶領我們晚餐，餐中王董很有心，準備兩層蛋糕，特別為今日壽星歐陽布大哥慶祝生日，大家齊唱生日快樂歌，八月分有幾位壽星亦在大家一齊的祝福下歡度，溫馨感人，留下難忘的回憶照片。很難得有泰半團員不認識，分別來自高雄桃園宜蘭，大家因同行彼此交談親切很快打成一片。

　　此團有學者教授、有詩人雅士、有大學校長、有出版社社長、有書法家，全統會兩位副會長、多位顧問共襄盛舉，秘書長特製作本會紅布條兩旁有會旗，將留下美美團體照，期待八天之旅能人人快樂滿意。

2017.08.21（待續）

145 廣西旅遊有感 D+1

　　好山好水好風光，能與諸多初識到熟識友好同遊八天，見識大自然之美，人生至樂！

　　上午從南寧拉了二、三小時車來到廣西壯族自治區，友誼關是中國和越南之間的重要關口，我們好奇走到越南與中國交界邊界留影，1965 年更名友誼關。聽說一河之界及一牆之隔的邊城經常有毒品交易走私。

　　下午來到廣西省第一個對外開放的龍州縣，我們從龍州左江上金碼頭，搭乘遊船觀賞兩岸壁畫，年代逾二千年，是壯族先民的創作，內容多為狩獵野獸家畜等，朱紅色畫作至今未褪色。

　　晚上住宿於龍嘉大飯店，廣西崇左市國台辦方文宏主任、在龍州國台辦主任黃峰明副部長陪同下與我們共餐，彼此把酒言歡，熱絡聯誼交流，互贈書畫文集，展現兩岸一家親。

2017.08.21

146 廣西旅遊有感 D+2

　　第三天我們從龍州到大新乘車約兩小時，參觀明仕田園，這是大陸國家一級景點，33 人分乘三部竹筏遊覽明仕田園，竹筏上有導覽解說小姐及船伕，備有花生及當地小梨子茶水點心，同船大家鹹認花生好吃全部買回，船沿岸景色優美目不暇給，抵終點上岸徒步，欣賞陸上另一種意境美，大家悠閒漫步，拍照處處取景，有度假的清閒自在，這裡山青水秀素有小桂林之美稱。

　　午餐在農家菜館，每桌必有啤酒，是否中國人所說無酒不成席成習，三桌人互敬聯誼增進認識，餐後又搭一小時車來到是亞洲第一、世界第二大的跨國瀑布～德天瀑布，沿線導遊介紹中越兩國邊境上的歸春界河，源起廣西靖西縣歸春河，終年有水，流入越南又流回廣西，經大新縣德天村處遇斷崖跌落而成瀑布。層巒疊嶂，山青林密，流水從 80 米中越接壤地：高浦湯島上飛瀉而下，一波三折，形成了三級瀑布，瀑布氣勢磅薄，水勢激蕩，聲聞數里，蔚為壯觀！德天瀑布遠眺近看有不一樣的美。今晚我們下榻華西國際酒店。因今天整天都是走路，許多人晚上前往按摩院舒展筋骨解疲勞。

2017.08.21

147 廣西旅遊有感 D+3

　　第四天來到通靈大峽谷，位於靖西縣湖潤鎮新靈村，距縣城及德天跨國瀑布均為 30 餘公里。整個景區由念八峽、銅靈峽、古勞峽、新靈峽、新橋峽組成，總長 10 公里，各峽谷間有巨大的地下暗河相通。這裡有凌空懸掛著千姿百態巨大的鐘乳石，薈萃成了奇特的地形地貌。凌空高懸的瀑布宛如千匹巨大的白簾從懸崖跌落深潭後消失無蹤。

　　中午在通靈餐廳相互交流，相談甚歡。餐中幾位愛歌者率先帶唱，在大陸客中聽來倍感親切，因為同宗、同族、同種語言沒有隔閡。餐後車程約二十分，來到舊州，雖只是一條街道，但這裡家家戶戶人人都會刺繡，繡球成為此地特產。七、八十歲老太太，不必帶老花鏡都能穿針引線！我們佇足欣賞，佩服他們伶巧的手藝。從小到大，也許心領神會，用心刺繡不必用眼吧！街中看到一位老先生作畫五十年，從國畫到西洋油畫，將廣西好山好水好景入畫，許多人訂購，奇貨可居呢？

　　舊州到鵝泉二十分車程，烈日炎陽高照下，我們徒步十幾分鐘來到鵝山山麓，與大理蝴蝶泉桂平西山乳泉並稱西南地區三大名泉，為靖西八景之一。鵝泉既是德天瀑布的源頭，亦是珠江的源頭之一。在現場看到湖面一直不斷湧泉，水深數丈呢？令人讚嘆！

2017.08.22

148 廣西旅遊有感 D+4

　　第五天上午旅遊景點是田州古城，位於廣西壯族自治區百色市田陽縣，田陽縣位於壯族自治區西部，右江河谷中游。東鄰田東縣，南接德保縣，西與百色市右江區接壤。北界巴馬瑤族自治縣。

　　第二站來到位於廣西河池市巴馬縣甲篆鄉坡月村西側，這是最為雄偉壯觀的石灰岩溶洞。在巴馬至鳳山二級公路邊，距縣城 30 公里。1987 年，當中國和英國的岩溶地質專家踏進了百魔洞，進行了聯合考查後，一致認為：該洞集天下岩洞之美於一身，可號稱天下第一洞。洞的平均高度為 80 米，寬 70 米，主遊路程 4000 多米，盤陽河從百魔洞下流過。它獨到之處還在於它的鐘乳石高大氣派，據測量，最高的石筍為 39 米，直徑為 10 米，景點設有：孔雀迎賓、良田萬頃、金山猴王、杜甫吟詩等。

　　下午大家心響往的巴馬長壽村，全世界五大長壽之鄉。巴馬瑤族自治縣於 1991 年國際認定，2003 年頒發正式的證書，據國際自然醫學會的標準長壽之鄉的條件是每 10 萬人中至少得有百歲以上老人 7 名，而目前擁有 24 萬人口的廣西巴馬縣，百歲老人竟高達 76 名，每 10 萬人中擁有 31.5 位百歲老人，是國際州 4.5 倍，在世界五大長壽之鄉中名列第一名，可謂名副其實。

在長壽村我們拜訪一位今年 112 歲的老太太，大家紛紛與她合影，心理上都希望沾點長壽的喜氣。

2017.08.23

149 廣西旅遊有感 D+5

　　第六天船遊百鳥岩，景區是親水的觀光，陰陽兩界交替，乘船遊「水波天窗」洞內美景，賞皎月由缺變圓，一輪輪美景躍動於碧波光影之上，美侖美奐，變化萬千。洞內多處像形鐘乳石景點，唯妙唯俏，美不勝收！洞口寬敞，越往內越窄，各天窗之間是黑白輪迴，陰陽交替，一會兒伸手不見五指一會兒重見天日，如夢初醒，恍若三天三夜隔世。我們分乘三條船，彼此互相拍照留下很美回憶。中午在香豬飯店用餐，顧名思義幾道豬肉餐食很有特色，每桌兩瓶啤酒清涼消暑又解渴，導遊提醒下午由巴馬要拉車四~五小時才能抵南寧，女生如廁不便不敢多喝。

　　下午上車午休一小時候後，開始自我介紹，因車上安全，只介紹五位，所幸幾天來的共餐同遊大夥已熟絡，新交或故友都有進一步的認識，來此看到香蕉、芭蕉、西瓜、蘋果、梨子、龍眼等夏季水果比台灣便宜，天天享用，輪流請客，皆大歡喜。

　　傍晚回南寧維也納酒店入住，大家盡情歡樂，把酒盡歡，因為明天是輕鬆南寧半日遊，下午就搭機到澳門，將結束廣西之旅。

2017.08.23

150 廣西旅遊有感 D+6

　　第七天第一站來到青秀山，又名泰青嶺，因林木青翠 ，山勢秀拔而得名，素以「山不高而秀，水不深而清」著稱，現秀山一般指青秀山風景區，位於廣西壯族自治區首府南寧市青秀區境內的邕江江畔，包括青山嶺、鳳凰嶺、子嶺、佛子嶺、雷劈嶺等 18 座大小嶺，面積 791 公頃。

　　第二站來到位於風光秀麗的南湖湖畔之南湖南廣場，是南寧市政府和市民捐款 780 萬多萬元，共同興建的標誌性園林廣場，佔總面積 30.1 萬平方米，其中水域面積 2636 平方米，草地面積 22 萬平方米，園內引進了 21 種名貴大樹 455 株，如佛肚竹南洋杉台灣相思等名貴竹木，另有榕樹、芒果、大王椰等，園中胸徑達 1 米以上的樹有 170 多株，大規格的棕櫚科植物有 300 多株，沿湖綠化區有棕櫚、蒲芙、假檳榔等風景樹，道路兩旁，種有蝴蝶果白千層銀樺等富於觀賞價值的亞熱帶特色的花卉草木等上百種名貴花卉，大家分乘兩部遊園電動車，走馬看花，算來此一遊。

　　第三站是廣西民族博物館，是第三個自治區級博物館，是迄今廣西展示面積最大設施較為齊備的民族文化專題博物館。此館址位於美麗的邕江江畔，南寧市青秀山風景區內，佔地 130畝，總建築面積 30500m'還附屬有 60 多畝的廣西傳統民居建築

露天展示圖。

　　下午 19：30 由南寧飛澳門 21：15 抵達，在機上簡易餐點，讓大夥抵澳門要上館子吃宵夜，旅程一、二小時只提供簡餐非正餐。今天我們正式結束廣西之旅。

2017.08.23

151 群組增進友誼

　　廣西之旅，行前為團員信息傳遞之便，成立共同群組，除連絡協調方便外，在大陸以微信互聯，回台灣以 Line 互通，無論問早道好或照片分享，的確帶來許多方便，更重要的是建立更深厚的情誼。因為網路之便。

　　回台後請團員提供個人拍照美景並書寫心得，俾旅遊編彙小組運用參考，一切資訊靠伊媚兒信箱及 Line 網路即可傳寄，有電子檔文字立即轉換，不必大費周章打字，省錢又省時，一勞永逸。拜網際網路之賜。因傳 Line 而增進團員相互認識，緣起不易緣續要靠大家努力。月來透過交流　大家仿如一見如故老友，無所不談，友誼靠相知，感情靠相惜，相知相惜友誼長存。

　　我始終相信群組要經常有聚會聯誼才能緣續，定期或不定期的會餐旅遊才是維繫感情的基石。凡事緣起緣續有一天必緣滅，我們重視過程而不要在乎結果。那麼經常相聚見面的當下，才是生命的重點，您以為然否？

2017.08.24

152 感謝感恩有您們

　　廣西旅遊圓滿結束，連日來寫了旅遊簡略行程，亦寫下個人感想，除提供編輯小組參考，也請到台客兄應允為本書寫序，請秘書長、俊歌、秀梅、美惠、玉珠等提供此行美照，遲至今才向參與此行的所有好友說：因為您們的參與豐碩此行多采的回憶，除了感謝還要感恩。

　　一個團體的行程，在地陪安排下順利參訪，除了靠大家配合支持，最重要的是守時集合上下車。八天來本團員無掉隊延誤行程，住宿飯店亦能遵守一切相關規定，這是值得表揚的團隊紀律。乘船搭船上下有序，此行有多次搭船、竹筏、橡皮艇、都能安全無恙，全賴大家的合作配合。

　　本人因手傷裹上石膏，生活起居幸賴室友錦璋兄無微不至的照顧，旅遊用餐有享民兄、台客、若鋆、及陳秘書長等的貼心服務，行李上下車蒙進福哥、俊歌、魁元兄等諸好友熱心協助，諸多好友熱心招呼，心存這分感激，對大家的關愛，只能以感謝感恩表達個人肺腑之言於萬一。

2017.08.25

153 病痛方知平安福

　　在復興崗 14 期群組訊息中，得知同學又走了一位！畢業至今近五十年，同學先後走了近五分之一，內心不勝噓唏！上了七十歲以上年紀的人，無常頻率是越來越高，凡事想得開、放得下才是智者。

　　人，生老病死是必然的因果律，但求生老能康健，死時有所善終。當您有一天可以享受無病無痛老死，是修來福報。最近手傷，住院開刀，牙疼，診所來回多次，對從未住過醫院，從未開過刀，從未牙疼經驗的我，那種折磨的苦痛，真是難捱。人在福中不知福，原來無病無痛即是福。即使是小小感冒，咳嗽都能影響心情，看病求診是無奈加上無助。哪怕是身體上小小的皮肉傷，都令人痛苦。

　　失去健康方知平安福，對老年人尤是，但求每天身心能安適，無憂無慮，最近看到一幅畫作，上寫有福之人十二特徵：

1、學會享受生活
2、懂得自得其樂
3、為自己而活
4、不跟自己過不去
5、樂觀主義
6、不斤斤計較
7、保持簡單心境
8、看淡一切
9、身忙心閒
10、善待自己
11、知足
12、活在今天。

句句貼切，知易行難，共勉之！　　　　　　　2017.08.26

154 找到自己視窗

　　人一生成功靠機運，其實是靠您自己，能適時適地及早發現到潛能的窗口。此話怎說？您天賦的才華要及早啟動，您就及早成功。可惜有人庸庸碌碌過一生；如南部一鄉土畫家洪通，晚年別人發現他的畫作富有抽象意境，可惜暮年時不我予。

　　您聽過：「天生我才必有用，只要好好努力，總會找到一條適合自己的出路。」此「才」即是人人有不同的天分；多少人一輩子沒及早發現自己的天分在哪？卻在走頭無路時，柳暗花明又一村，原來發現自己有無限潛能，在繪畫上、在音樂上、或在體能運動上，此視窗通常是指 IQ 以外的 EQ。

　　一般人發現身心障礙人士，在生活機能上比較靈敏，如視盲者聽力特別好，聾啞者視力特別好，沒雙手者，雙腳特別靈巧，沒下肢者，雙臂肌肉訓練有力。老天爺已為您開了另一視窗，您有沒有善加利用？

　　不要懷疑當您右手不便使喚，左手可以訓練，同理沒有腳亦可以用手取代，原來人是最能適應環境的動物！在一生之中，及早尋求潛能的窗口，事半功倍的驚人效率，必能表現在於大家眼前。

　　一生中您找到成功的視窗很重要，有些人適合做研究工作，而不適合擔任教職，有些人從事藝文活動，很有演藝天才，

但不一定會讀書，適才適用者，是找到自己視窗。

　　人的資質依才智與德行可分成聖、賢、才、智、平庸、愚劣；聰明才智有別，不要強求於人人的成就要一樣。社會是多元的，今天打球可以揚名於世，又何苦一定要他把書讀得好呢？行行出狀元在現社會突起，如歌唱、演藝、舞蹈等等，因為他們找到了自己的視窗，擺對了自己的位置，就會功成名就。朋友您檢視這一生選對了視窗，擺對自己位置了嗎？看完世大運有感！

　　　　　　　　　　　　　　　　　　　2017.08.28

155　再談老二哲學

　　謙虛有禮待人，低調圓融處事，即老二哲學，凡事不當領頭羊亦是。我欣賞經國先生訓勉的三句話：走路莫走前頭、照相莫座中間、酒宴莫座上席，這是我身體力行的老二哲學。

　　我一生中亦遵守以上原則，當年在金門服務，連隊小型康樂比賽全師之冠，營輔導長要推薦我參與甄選「政戰楷模」，我謙卑禮讓，由軍歌比賽第一名代表參選贏得，那年我從金防部廖祖述將軍，頒發金門優秀青年獎狀一幀給我。那是民國六十一年往事。

　　民國七十二年在母校擔任訓導處訓育科長一職，年度績效記滿五大功，當年行政處長要推薦我代表學校，呈報國防部「保舉最優」，我婉拒此殊榮，我知道獲選之後將列入國軍幹部計畫培養，優先輪調部隊歷練要職。七十四年七、八月，時任馬防部主任黃偉嵩學長，請副主任回台休假時，詢問我是否願意到馬祖接任莒光指揮部主任？我回報無意願，黃主任後來亦榮升官拜中將。

　　七十四年底我卸任學生指揮部訓導主任職，由當年總政戰部主任許上將召見，老校長一番好意要我到部隊歷練重要軍職，我以教學相長為由，志願留在母校研究班擔任教職，民國七十五年，老長官馬家珍中將時任陸總部主任，當面力薦我到

部隊任師主任要職，我亦予婉謝！以上諸位長官有意保薦推舉，老二哲學個性的我都未接受。

　　我承認個性上缺少旺盛企圖心，凡事保持中庸之道，拿捏過與不及，在職場上沒有出色表現，卻能讓長官喜愛，之故我在母校服務22年之久。當年考上軍訓教官要離職，鄧祖琳校長問我何以能在復興崗留校這麼多年？我回說：因為我不是表現傑出，也不是表現最差，因老二哲學能安定留校，他聽後亦認同。

　　以上所談，確實選擇與否都會影響職場生涯，但我沒後悔目前的一切生活，改變不一定好，一路走下來的人生亦美好，從不去後悔未得到及擁有，我認為現在的我是當下最好的選擇。

2017.08.29

156　感情歲月

　　說「感嘆」、說「感傷」都悲情，說「感情」、「柔情」較溫情。時間分秒過，日子天天過，歲月年年過，時間、歲月對待世界萬物最公平，感情歲月是人人感受不同，歡樂時光易逝，痛苦日子難度，是心中深層的感受。

　　年輕時不覺時間可貴，中年時為職場、事業、家庭忙碌，忘了時光流逝。退休後，開始享受時光的美好，卻在七十歲以後感嘆時光飛逝。人生如果三萬多天，不知不覺已逝去二萬七千多天，樂觀地說，再有二十年的歲月，享受人生；悲觀地說，無常病痛，可以讓您隨時失去生命。日子從彈指間悄悄流走，無不讓人更加珍惜「歲月」。

　　生病的人，沒有悲觀的權利，因病痛讓您失去快樂，也會改變您的人生觀。執著、固執、看不透、放不下、想不開都會煙消雲散，唯有健康的身心，才有無限的希望！可以計畫美好的未來，安排美好的旅遊，享受親情友情的溫馨，這是感情歲月的溫情，您認同嗎？

2017.08.30

157 八二法則

　　最近看了一篇文章，認同人生不離「八二法則」，這是西元 1897 由一位義大利經濟學者提出。他研究十九世紀英國人的財富時（註），觀察到百分之八十的財富流向少數百分之二十的人手裡，稱為「八二法則」。後來學者再延伸意思，認為百分之八十的付出只能帶來百分之二十的結果，證明並非所有的事情都是一分耕耘一分收穫。投入一百分的努力，不一定能事倍功半，提醒我們做事不能過於樂觀。

　　各位不難發現將「八二法則」用在生活上亦很實用，百分之八十的朋友大概只有百分之二十的知己，所謂相交滿天下，知己有幾人？所以交朋友不在廣交，而在於深交，在生活中八二法則很受用，八件家俱中只有兩件常用，同理您衣櫃中許多衣服只穿了一、二次，就束諸高閣，幾年後身材走樣了，再也穿不上。八二法則用在工作上，用到生活的哲學上，要我們學會放下生命中百分之八十不如意的事，要去欣賞百分之二十的美好。

　　生命中沒有十全十美，所謂不如意事者十常八九，只思一、二，把握當下的快樂，又何苦去憂慮那百之八十的不悅呢？「常想一二」寫了下聯「不思八九」，上面又寫了「如意」的橫批，

中間隨手畫一幅寫意的瓶花。因為決定生命品質的不是八九，而是一二。

2017.09.02

註：18 世紀 60 年代-19 世紀上半期 19 世紀中後期-20 世紀初開始部門（棉紡織業）輕工業重工業（電力）理論基礎，牛頓建立起經典物理體系，十九世紀中後期自然科學的重大突破。

158 愛就是惜

　　這首歌在佛光山是傳唱度相當高的代表歌曲，由王依華與大森台語對唱。單純的吉他伴奏，更能表現歌曲的意境。用台語念愛就是惜，比較能傳神。今錄製

作詞：星雲大師　　　　　　女聲：王依華
作曲：廖大森　　　　　　　編曲：盧家宏

　　愛就是惜　惜情　惜緣　愛惜青春
　　愛就是惜　奉獻　喜捨　發揮熱情
　　愛就是惜　無怨無恨　甘願為眾生
　　愛就是惜　時時享受　感恩的人生
　　愛就是惜　愛惜今生的相逢
　　愛就是惜　愛惜你我的緣份

　　惜一般解釋愛惜、疼惜、珍惜、憐惜，前兩句是父母對子女親情體現，後句一般用在友情、愛情或一般弱勢人士。無條件，無怨無悔的愛表現在親情，有條件的愛，表現在男女愛情。但昇華之後的愛，即心甘情願，憐惜他人是自己有能力，一般是物質勝於精神。當然不能一概而論，個人淺見，敘述文字表達。

　　由愛延伸到惜，對人、事、地、物，偏向個人好惡，對情有終是互動行為，對事地物有情是單向行為，因人而異。如山川河流花卉等，人人所愛有別。要惜情、要惜緣，愛惜今生的相逢，愛惜您我相識的緣份。畢竟來世是否相見？無人預知！

2017.09.05

159 人際關係與衝突管理

　　日前參加台大志工年度講習，聆聽楊惠玲講師一場人際關係與衝突管理專題講座，內容活潑且講解生動，互動良好，樂於分享個人心得一、二。

　　戴爾卡耐基說：一個人事業的成功只有 15%取決於他的專業技能，另外的 85%要依靠人際關係和處世技巧。什麼是人際關係，它包括處理衝突的能力、建立關係的能力、說服與影響他人的能力、團隊合作與協調的能力、傾聽與溝通的能力等等。

　　最近聽哈佛名教授 Robert Waldinger 一場很棒的演講，講題是幸福從何而來？ 調查顯示，大多數年輕人認為，獲取財富和名望是幸福生活的關鍵。但哈佛大學的一項長期研究表明，你能否老當益壯健康長壽，最重要的預測因數不是你聚斂的財富或者得到的惡名。你與家人、朋友和配偶間的親密程度才是長期健康幸福更重要的指標。

　　20 世紀 30 年代，該研究在波士頓啟動，物件是兩組截然不同的年輕男性。一組是哈佛大學的本科生，有一個研究團隊對他們成年後的生活加以跟蹤，想知道有哪些因素在他們的成長和成功中發揮了重要作用。瓦爾丁格博士說：「他們認為當時太過於強調病理學因素了。對成功的年輕成年人進行研究，應該能得到很多有用的資訊。」這部分研究招募了 268 名哈佛大學

的二年級學生，並對他們進行密切隨訪、頻繁的面談和體檢。近年來，研究還包括腦部掃描、抽血以及訪問受試者的配偶和成年子女等。大約在同一時間，哈佛法學院的教授謝爾登・格盧克（Sheldon Glueck）開始研究波士頓最貧困社區中的年輕人，該部分研究納入了 456 名出身於問題家庭但未曾犯過罪的少年。最後，兩部分研究合併成同一個專案。

幾十年過去了，這些男人進入了各行各業。有的人成了律師、醫生或商人……一個名叫約翰·F·甘迺迪（John F. Kennedy）的哈佛學生甚至當上了美國總統。而其他人則走上了迥異的人生道路，淪為酒鬼、職場失意或者患上了心理疾病。至今仍然倖存的研究參與者都已經年逾九旬。這些年的研究得出了許多值得注意的結果。例如，研究顯示，要想健康地老去，你可以做到的最重要的一件事就是不要吸煙。研究還發現，自由派老年人比保守派的性生活更長更活躍。還有，飲酒是導致研究中男性離婚的首要原因，而且酗酒往往發生於抑鬱症之前（而不是相反）。

有多名科學家先後領導了該研究。瓦爾丁格博士在 2003 年接手，成為了第四任負責人。他擴大了研究範圍，將關注的物件從參與的男性擴展到了他們的妻子和孩子。研究人員開始攝錄夫妻們的家庭生活，研究他們之間的互動，並就生活中的方方面面，甚至日常的口角分別對他們進行了訪談。

研究人員考察了這些年來對他們的健康幸福具有強烈影響的因素，發現與朋友尤其是配偶的關係非常重要，擁有強大感情紐帶的人往往不會出現慢性疾病、精神疾病和記憶力下降——即使關係有起伏也沒太大關係。

「關係親密並不是說他們的感情必須始終如膠似漆」，瓦爾丁格博士說。「研究中一些八十多歲的老夫妻甚至天天鬥嘴。但只要他們覺得在遇到困難的時候可以相互依賴和扶持，這些爭執就不會對他們的記憶力造成損害。」

瓦爾丁格博士發現，在家庭以外的人際關係中也存在類似的模式。在退休後積極結交新朋友來取代舊同事的人比脫離工作後不用心維繫強大社交網路的人更加快樂和健康。

瓦爾丁格博士說：「75 年來，我們的研究一再顯示，最能與家人、朋友和社區水乳交融的那些人過得最好。」他承認研究發現的只是相關性，而非必然的因果關係。也可能是一開始就較為健康，更為快樂的人更容易與他人建立和維持良好的關係，而那些本來就病怏怏的人則傾向於將自己與世隔絕，最終與誰都不親近。

但他表示，經過幾十年來對受試者的隨訪並比較他們現在與昔日的健康和人際關係水準，他可以信心十足地說，強大的社會紐帶與長期的健康幸福之間存在因果關係。

那麼，他建議我們採取哪些具體的行動？

「有很多很多事可以做」，他說。「小到多跟人相處交流而不是一直看電視玩電腦刷手機，也可以通過一起從事新活動，比如散個長步或來個約會之夜什麼的，讓缺乏新意的關係重新熱絡起來。又或者聯繫一下你多年未說過話的家庭成員——因為這些司空見慣的家庭矛盾可是會讓一個記仇的人付出慘重代價的喲。」（以上是摘錄網站資料）

關於人際關係為何重要，我們得到三大結論。

1、社交關係對我們的人生有幫助，孤獨感則相反。

　　2、朋友數量，有無親密伴侶都不重要，重要的是親密關係的質量。

　　3、良好人際關係不只是保護我們的身體，並且保護我們的大腦。

　　最後以馬克吐溫（1835～1910）說的話語結論：時光荏苒，生命短暫。我們沒有時間去爭吵、道歉、傷心、斤斤計較。我們只有時間去愛，哪怕只有一瞬間，也不要辜負。良好的人際關係可以帶給您一生成功與幸福。這是至理名言吧！

2017.09.07

160 樹花之美

　　陽明醫院前，雨農國小旁，正值美人樹花開，遠觀近看都美。原產地來自巴西、阿根廷，是行道樹，落葉大喬木，樹幹直立而稍微肥厚，樹皮綠色有光澤，密被暗色三角狀刺，樹皮有疏瘤狀刺。玫瑰紅色，帶紫色條紋，基部先為白色，後變黃色，完全綻放時之花徑可達 15 公分。秋天開花，花是淡紫色或紅色，花冠五片反捲。可惜花期很短，花開花落，令人感傷。

　　植物花開有時，開花結果，生息傳承，延續生命，宇宙萬物，自然生態，周而復始，但看欒樹開花，知道入秋，天時不可違！人知「春耕、夏耘、秋收、冬藏」：泛指農事活動，農民深諳四季自然法則與辛勤工作方有收穫的定律。四者不失時，故五穀不絕……。

2017.09.10

161　潛能激發

　　廣西旅遊參訪八日遊，行前鼓勵人人回台後，至少寫一篇心得感想，因要出版一本專集體創作，發現有人面有難色，認為從未寫作恐難交卷。經半個月來陸續有人完稿，激發了多人寫作的潛能。

　　果不其然，原先自稱從未提筆寫過文章的朋友，紛紛交出文圖並茂的旅遊感想，寫作潛能被開發了。日常生活中，是否類似有這樣的經驗被印證，凡事總有第一次，不去嘗試怎知自己有多少實力。別人可以，我們也不差。因人的聰明才智都差不多，因您的潛能被激發了。諸如唱歌、跳舞、打球、打牌、游泳、開車等許多娛樂運動，都必需學習，也許您有慧根，學習快速，一學就會。

　　自我檢視您會發現人生八大智慧有您特別的強項。上天賦予每人不同資質。「多元智慧理論」於一九八三年由哈佛大學的迦納教授（Howard Gardner）提出。迦納教授認為每一個孩子都有八種智慧的潛能。而家長或老師則是開啟（或不幸的關閉）孩子各項潛能的關鍵人物，這八項智慧分別是語言智慧、數學邏輯智慧、空間智慧、肢體運作智慧、音樂智慧、人際智慧、內省智慧和自然觀察者智慧。

　　簡述如下，您可自我參考評分，那一項好那一項差。語言智

慧——有效運用口頭言或書文字的能力。

　　邏輯數學智慧—有效運用數位和推理的能力。自然觀察智慧——對周遭生活環境的認知與喜好表現。內省智能—有自知之明，並據此做出適當行為的能力。音樂智能—察覺、辨別、改變和表達音樂的能力。人際關係智能—察覺並區分他人的情緒、意向、動機及感覺的能力。視覺空間智能—準確感覺視覺空間，並把所知覺到的表現出來。肢體運動智能—善於運用整個身體來表達想法和感覺，及運用雙手靈巧地生產或改造事物。

2017.09.14

162　談世間情緣

俗云：做人難，難做人，相識是緣，深交靠情，緣起要珍惜，緣滅要淡然，親情、友情、愛情如是。

情包涵親情、友情、愛情。親情有血緣關係，很難割捨，惟友情、愛情是靠那分彼此志同道合的情份，才能長長久久；同學的緣亦有深淺，情深則濃，情淡則疏。同學情幾十年有之，但一句傷語、一場誤會，彼此固執，反目成仇，不相往來；男女情愛也是，兩廂情願，情投意合，但緣盡情亦了。談到情愛，讓人很難釋懷，如割捨的親情、分手的友情、決裂的愛情，但這些情愛，都是時空環境下可以改變的。

天下無有圓滿的親情，無不變易的友情，無永親暱的愛情，因無常變易，時刻改變！凡事殘缺亦是美，「八二法則」事理告訴我們，有快樂就會有憂愁，兩者是相對的。憂愁又何嘗不是人生寶貴的經驗！只有經歷的人，才不會遺憾在這世上走一回。

2017.09.16

163　永懷同學幸雄大師

　　剛剛得知消息，相識 20 幾年的國畫大師林幸雄老師已驟逝了。被中國藝壇評選為二十一世紀中國三大名師與趙無極、丁韶光齊名而聲名大噪的名畫家林幸雄老師，雖然他貴為畫壇大師，但他從來都沒有架子，對人總是很謙虛很親切，不善與人連繫的我總是讓林老師在跟我聯絡問候，屢次邀我們去他的畫室喝茶聊天，還說要再帶我們去屏東觀光！

　　「前些日子我才答應老師這幾天要下南部去看他，沒想到他就不在了！真的真的好難過！怎麼辦！我真的沒辦法接受這樣的消息，沒見到老師是我此生永遠的遺憾，對不起老師，我太晚去看您了！」，以上摘錄他學生呂秀芝小姐在臉書上的哀思懷念。

　　驚聞幸雄同學遽世不幸消息，悲從中來，他給人印象是，鄉下人那份純樸憨直、忠厚老實、彬彬有禮、待人誠懇。這麼一位好人突然離開，我們依依不捨。猶記得今年校慶，他帶來丁酉年雞年年曆，特私下相送，我與之留影。幸雄同學畢業後仍勤於作畫，教學相長，從事高中及大學美術教學及國內外任課達 36 年以上，先後獲頒國防部及教育部佛光大學等優良教師獎，近十年來遊學兩岸，成為兩岸公認的畫作大師。

　　猶記得，三年前我們不約而同到佛光山，參加全國教師暑

期佛學夏令營，才知道我們同是星雲大師皈依弟子。他知道我在台大退休，私下告訴我，當年考上台大農學院，因家境清苦選擇了軍校公費，行行出狀元，當年如果台大畢業可能成為一名教授，但幹校畢業成了書畫大師，人生際遇不同，功成名就亦不同。幾年前他在屏東老家成立畫作工作室，曾電邀我有空前往參觀，我未及前往一覽，亦成遺憾。以下摘錄同學在 Line 群組寫下的追思文，存部落格永懷同學情。

1、剛剛在臉書上看到同學林幸雄驟逝，甚為震驚。林同學被藝壇評選為二十一世紀中國三大名師，與趙無極、丁韶光齊名。祝福林同學在另外一個世界，更自在翱翔。（昭仁）

2、各位同學：早上驚聞林幸雄過世。剛剛和世經兄電話得知幸雄昨晚因心肌梗塞過世屬實。祝福幸雄一路好走。大家更應注重保養身體為要。（祖懷敬啟）

3、幸雄兄仙逝甚感悲慟！空軍同學又先行離場一位，願同學保重，祈福幸雄樂歸天國，永離塵埃俗事。（禾平）

4、真的是晴天霹靂，太突然了！非常不捨，聽到這個消息，非常難過……他善良又努力，用功，在繪畫上非常有成就，贏得世人尊敬，是一位值得我們敬佩的好同學，祝幸雄同學一路好走！（蜀禧）

5、痛失英才，悲慟啊！真是遺憾，真所謂人生無常！親愛的同學們大家，要多多保重身體啊！震驚 悲慟！幸雄好同學 一路好走。（麗霞）

6、清晨（06:40）被夢龍兄電話叫醒，要我查證幸雄兄往生惡耗，我一時嚇呆，趕緊撥電話給林太太，證、實大體已運回

潮洲老家，我忍不住哭泣掉淚，好久說不出話來，林太太還勸我不要哭，真的太令人難以接受，無法面對，好端端的一個人，遽然離去何其不甘？何其不捨？天有不測風雲，人有旦夕碼福，人生無常。

　　幸雄兄投入藝術創作終極一生碩果輝煌，堪稱同學之榮，藝術之光，惟平日不眠不休，四處奔波， 忽視健康，積勞成疾，躬躬盡瘁，殊為惋惜，上了年 紀的人，還是顧健康為首要考量，名利皆虛榮。共勉之！（世經）林幸雄昨（17）日下午，因感身體不適，請友人送高雄榮總急診，經診斷為肺積水，又併發心血管阻塞，插管急救無效，終於當天晚上 10 時餘辭世，遽然失去一位傑出同學，悲慟萬分，很難接受，但不得不哀傷面對。阿彌陀佛！祈求佛祖接引他到西方極樂世界，安息吧！（世經）

8、驚聞惡耗，幸雄同學一路好走！（文燦）

9、驚聞辛雄往生備感哀痛盼他一路好走亦祝大家俣重樂活健康。（弟哲賢）

10 失去一位同學心中無限悲哀和傷感再也見不到他了真是萬分不捨和懷念。幸雄善良又用功事業有成值得我們敬佩同學祝他安息請大家為幸雄兄默哀一分鐘（萬齡）

11、驚聞惡耗，心中甚憾，幸雄同學一路好走，早登極樂世界。（華淼）

12、幸雄同學千古！祈求佛菩薩接引到西方極樂世界安息，阿彌陀佛。（重信）

13、祝福林大師一路好走，榮登極樂！（樹雲）

14、繼曾和我深感悲痛啊！（淑蘭）

15、～畫壇巨星……國畫大師～名揚四海……斐聲國際~驟然去逝……明星殞落~是藝壇的不幸……更是咱十四期的悲慟～希望他能帶著他的彩筆……繪畫出自己的“青天白日的天堂”～揮灑出自己的……“山川似錦……江山如畫”～的大好河山中……無拘無束~遨遊於天際……神遊於四海～任憑天下亂……此地永無憂～願偉大的國畫大師……菩薩保佑……一路好走~弟 鴻保合十敬悼！

16、祈福林大師一路好走，早登極樂世界。（鴻洲）

17、林幸雄同學逝世，心中至為哀悼痛惜！（楊浩）

我昨夜趕稿，用腦過度，夜間又與幾個郵友研究郵學一夜未眠，剛想睡一回兒。卻接惡耗！

滿腦筋都是林幸雄同學的影子！

將 2014 年 3 月 5 日寫的：

拜讀國畫大師林幸雄同學惠賜畫作年曆有感。

文中有林幸雄同學述介、照片、畫作圖片等。

請同學看看，做個念想！

拜讀國畫大師林幸雄同學惠賜畫作年曆有感

http://blog.xuite.net/yanghao1128/twblog/204058695（Xuite 隨意窩）

18、讓我們一起為幸雄兄默哀，並祝福他。（恆宇）

19、生命有限，藝術永恆，永懷追思，碩果長存，藝壇之光，兩岸同感幸雄同學千古（世經）

20、一路好走，早登極樂，可再度以畫，美化自己永恆的天堂。憶緣圖友，幸雄長留，縱非藏頭，詩亦有情，同窗

音容，盡在其中。　　　　　　　　弟遠蓬哀悼。

21、樹雲：你好！pointing up-對於您的「溢美之詞」，實在不敢當。pointing up-因為他幸雄生前與我感情很好，早上聽聞他已經仙逝，內心深處難過不已⋯⋯謝謝您！（建鷗）

22、驚聞幸雄同學驟然去世至感悲痛⋯⋯老兵不死只是凋謝！！祝他一路好走⋯⋯（我現在地球頂~冰島旅遊途中⋯⋯。黎興特致哀悼！！）

23、十四期學又離開了一位心裡實在非常不捨，只能默默哀悼，希望幸雄兄一路迎向西方極樂世界。弟明祥敬悼。（李明祥）

24、永遠的懷念和不捨！去年他還送我一副國畫。（翁逸華）

25、幸雄去年和同學來花蓮旅遊當場在 401 聯隊揮毫贈送一幅飛躍駿馬，祝福我馬上健康！啊！生感命真是難料，祝願幸雄同學一路好走，永遠懷念他！（林博）

26、林幸雄是藝術系同學，很有才華，建鷗在他生前幫助他甚多。我們是在同一列人生的火車上，有人早下車，有人晚下車，到了終點站，全部都要下車。（樹雲）

27、令人震驚、悲痛及不捨。幸雄兄一路好走，早登西方極樂世界。（陸訓、玉珍敬悼）

28、阿彌陀佛！林幸兄大師一路好走！（黃敬獻）

29、晨起廢食憶幸雄、緣起無色畫裡求、家中鷹圖意其中、好友大師常加持：幸人謙竹品自高、雄具才德令人羨、長鶴西歸佛祖佑、長留人間美名傳。（代春敬語）

30、故林公幸雄同學千古：

　　藝　德　勳　章

　　　　黃錦璋　敬輓

1、喜歡付出，福報就越來越多；

2、喜歡感恩，順利就越來越多；

3、喜歡助人，貴人就越來越多；

4、喜歡抱怨，煩惱就越來越多；

5、喜歡知足，快樂就越來越多；

6、喜歡逃避，失敗就越來越多；

7、喜歡分享，朋友就越來越多；

8、喜歡生氣，疾病就越來越多；

9、喜歡佔便宜，貧窮就越來越多；

10、喜歡施財，富貴就越來越多；

11、喜歡享福，痛苦就越來越多；

12、喜歡學習，智慧就越來越多。

2017.09.18

164 晨喜悅學習

　　一向早睡習慣的我，只能晨起閱讀好友傳來的文圖。說真心話，晨起我要花上至少兩小時以上，享受學習之樂。感激讚嘆友人傳來不同領域的好文好圖，即便是問早道晚安，有那分愛的問候與關懷，這是 Line 帶來每天珍貴的的愛語。

　　成百群組及友人每天傳來的文圖不同，我選喜好存檔，累積不計其數。多少友人難得一見，每天卻請安，時刻心中有您，這份情是珍貴的。我在電腦前第一時間看到，即刻回覆，有主動有被動，即便是帖圖，禮尚往來亦是禮貌。

　　包羅萬象的資訊，像百科全書，每天只能選擇點覽，有些好文百讀不厭，許多重複的資訊，代表文章人人喜愛，多看幾回，可溫故知新何樂不為。好聽的老歌值得再聽，好看的旅遊名勝值得一覽，好的養生常識值得收藏，好的生活資訊美化人生。我傳 Line 必可看性、實用性、趣味幽默性，重質不重量。

2017.09.24

165 星雲教育獎

2017 年 9 月 24 日下午，有幸參加第五屆星雲教育獎贈獎典禮，這是難得機會與殊榮。典禮會場嘉賓雲集，歷屆教育部長都應邀出席。

獎項分兩大類別，「終身教育典範獎」在鼓勵終其一生孜孜不倦為教育為學子奉獻的資深或退休教師，而「典範教師獎」依幼兒園、國民小學、國民中學、高級中學與職業學校特殊教育及大專院校分組評選。指導委員會決定以星雲教育獎為名，以凸顯星雲大師一脈相傳的思想理念。

典禮趕在教師節前，彰顯尊師重道的傳承精神，獲星雲教育獎終身教育典範獎，有前臺灣大學校長孫震教授與前師範大學校長郭為藩教授，他兩終身奉獻教育的精神值得表揚。典範教師獎含蓋各級階段教育老師，從幼兒園、小學、國中、高中及大專院校，各自推舉具教育熱誠與愛心，足堪為學生「生命中貴人」的楷模者。

在老師難為的現今社會 ，仍有許多默默為學生教育奉獻畢生心力的老師們，值得表彰，這是公益信託星雲大師基金會辦理星雲教育獎的另類貢獻與功勞。

2017.09.24

166　褪色的光環

　　人有生老病死，物有成住壞空，心有生住異滅。這是諸行無常的定律，無人能倖免，瞭解時間必流逝眼前的一切，當下榮華富貴，又何需為眼前得失而感傷？

　　憶十多年前友人陪同下，與前參謀總長賴名湯夫人孫德芳女士打一場小牌，中午休息時參觀他住家一閣樓，裡面陳列擺設當年賴先生出訪國外接受頒勳獎章及受贈禮物，那是榮耀與尊貴的殊榮，加上他一生功獎紀念章，想當年是何等榮耀！但經數十年歲月的無常風霜，已退去光環，如今安在？除非他全部捐贈軍史館，還有些價值。

　　台上台下是形容有上有下的官場文化，在位的風光，退休的淡然，心態上都要調適，想當年如何只能追憶。人人在職場的異動、升遷、榮退，必有許多祝賀獎杯獎牌，當年視為珍貴的紀念品，卻成為日後放置處理的累贅，始料未及吧！友人從年少累積甚多的相簿，如今不知如何安放，他知道有一天子女可能丟棄或燒毀！念此；他已不再照相、洗照片存紀念，好似太悲情卻不無道理。

2017.09.27

167 追思告別

　　北中南同學三十餘人無奈的相聚，一起前往屏東潮州，參加幸雄大師的追思告別式，是五十年的同學情，是幸雄教授桃李滿天下，是幸雄大師的仁者風範，眾多昔日長官袍澤及親朋至友，不遠千里來相送，告別追思會倍極哀榮。

　　「偶然」「必然」將人生串連，生是緣起，死是緣滅，人生數十寒暑，生命的過程必落幕，生者為亡者的哀傷，亡者留下親友懷念，追思告別式是人生終點站，死者雖解脫自在，但留下大家不捨。死者可一了百了，生者卻無限哀傷。想到有一天人人都未能倖免，對生死大事要淡然，同學過了七十，要追求過健康快樂的生活最重要。

　　告別式後，同學就近到潮州品嚐萬巒豬腳。祖懷會長請客，卅幾位同學相見歡談，喝酒助興。餐後文森同學盛情邀約，二十幾人在他家客廳，高朋滿座人氣旺！嫂夫人備好各式飲料，紅茶綠茶清草茶消暑解渴，大家相談半世紀往事，這分革命感情怎能忘懷？

2017.10.02

168 火車之旅

好文值得再讀：

人生就像火車之旅...有它的車站…有它的路軌…當然也有機會遇上意外！一出生，父母給了我們「車票」，送我們「上車」，以為父母會「陪伴」我們「走完旅程」，但是他們會在某一個車站「下車」，只剩下我們「繼續旅程」，沿途上會遇上其他重要的「乘客」「兄弟姊妹」「朋友」「孩子」和生命中「最愛的人」都會陸陸續續搭上這人生「列車」，旅途中的「某一站」他們也會下車「永遠離座」我們甚至「沒發現」他們何時「離開」何時「下車」。

這段旅程充滿了「歡樂」「痛苦」「幻想」「期望」「偶遇」「再見」「辭別」美好的旅程要乘客「相互幫助」「相親相愛」並要為舒適的旅「付出努力」。這段美好旅程秘訣是：因為我們不知道自己在何時會「下車」，所以要好好面對人生活在當下，「懂得調節」「敢於放下」「懷著包容」「原諒」和「付出」。因為當輪到我們要「下車」時，希望可以「留下」美好的「回憶」給仍在車上的「乘客」。多麼感謝您是我這趟列車上的其中一位「乘客」珍惜身邊人！（摘自網路文章）

在人生旅程中，您發現週遭的長者親友先後離世，就如上

文「火車之旅」，誰能知道何時何地是下車的終點？　要樂活眼前當下，更要珍惜旅程中遇到的人，是長官、同事、同學、朋友，都是有緣人，也是我們的一生中的貴人，思量一路走來人生，要感恩惜福。

2017.10.04

169 眼見不爲憑

　　一般人總認為眼睛所看到的是真的，事實上很多事物是眼睛所看不見，但它是存在的。前者是角度上加上主觀上產生的偏差錯覺，後者是人類肉眼四大空間以外的受限。

　　星雲大師在人間萬事一書曾提到：「點」、「線」、「面」、「體」這四大空間是一般人對事物空間的認知，第五度空間以下的「速度」、「溫度」、「電流」、「聲光」、「波動磁場」、「心靈虛空」是人人感受有別。十度空間有些是肉眼看到，有些是觸摸感覺得到，有些是無形的虛空存在，可見看得到是存在，有些看不到亦存在，凡事莫以偏概全。

　　我們必須承認人類所知是有限，即使科技進步到可以登陸外太空，但宇宙浩瀚，認知有不同。世間萬物，對錯表像與現象，存有假像，以時空長流很難評論對錯。許多事物，昨是今非，今是昨非，經常有變，可以說變易是常態亦是真理。莫執著於您主觀的認知，要尊重客觀下許多人的看法。「笑看風雲淡，坐看雲起時，不爭就是慈悲，不辯就是智慧，不聞就是清淨，不看就是自在，原諒就是解脫，知足就是放下。」生活中常以此自勉，則不會惹是生非。

2017.10.06

一、**第一度空間**：什麼是第一度空間？就是「點」。所謂點，例如，一個方盒子，每一個角都是一個點，這就是點的一度空間。

二、**第二度空間**：什麼是第二度空間？就是「線」。例如一個方盒子，兩個角，也就是兩點之間連成一條線，這一條直線就是物體的二度空間。

三、**第三度空間**：什麼是第三度空間？就是「面」。方盒子的正面、反面、側面，也就是二條線構成的平面，就是第三度空間。

四、**第四度空間**：什麼是第四度空間？就是「體」。方盒子的四個面構成的立體體積，就是第四度空間。

五、**第五度空間**：什麼是第五度空間？第五度空間是動態的空間，叫「速度」。因為既有空間，就有由此到彼，由彼到此的「速度」，這就是第五度空間。

六、**第六度空間**：什麼是第六度空間？就是「溫度」。因為物體移動，相互摩擦，必然會產生「溫度」，這就是第六度空間。

七、**第七度空間**：什麼是第七度空間？就是「電」。因為溫度產生了熱量，當熱量累積到相當程度時，就會爆發而產生「電」。有時候我們感受到衣服上有「靜電」，就知道必定有空間的存在。

八、**第八度空間**：什麼是第八度空間？就是因電而產生的「聲光」。現在的 DVD，一塊小小的晶片，裡面藏了多少聲光影音，既然能讓聲光存在，就有空間，這就是第八度空間。

九、**第九度空間**：什麼是第九度空間？就是因聲光而產生的「波動磁場」。聲光往外發射，就會在空間產生波動，就有磁場，

所以第九度空間叫「波動磁場」。

十、第十度空間：什麼是第十度空間？第十度空間是屬於「心靈」的空間，也是最高層次的空間。佛法講「心包太虛，量周沙界」，所以整個虛空應該都在我們的心裡。若問：世界上什麼東西最大？就是虛空！能超越虛空的，只有吾人的心了。當初釋迦牟尼佛因為認識自心本性而成佛，因此吾人「若要識得佛境界，當淨其意如虛空」；只要我們的心能到達十度空間，自然就能明白宇宙世界了。

（出自《人間萬事》）

170 以文會友

透過網際網路以文會友之便，如每天問早道好的文圖，分享好文、好音樂、好風景等以上皆是以文會友。我一位藝術系同學，將勵志小品自製花卉文圖分享，我轉 po 於 blog 倍受歡迎可見。

文章分享有感言回應是互動的溫馨，Line 好文分享有謝謝貼圖是禮貌。有些友人只讀不回，有些友人只傳不讀，在以文會友上都偏頗。每人每天傳一、二則好文圖，一、二百友人累積好幾百則資訊，那是無法篇篇點閱消化。

在我群組好友中就不乏其人，每天傳數十則，只傳不讀，只讀不回。群組友人，不但不感謝還惹來怨言！有些友人早、午、晚安禮數周到，過與不及的文圖分享造成別人的困擾，雖禮多無人怪，卻佔據不少網路空間。友人記得傳好文給您，記得每天問早道好，往好的方面想他心中有您，是要感恩，即使造成困擾但選擇讀與否主動權在您自己，大可不必埋怨！每天面對幾百則的資訊，美化生活，拓展視野，增廣見聞，有您們真好，這是我個人以文會友的感言。

2017.10.08

171　喜見「廣西參訪遊記」出版

　　有願就有力，在大家支持配合下，在主編福成兄及彭社長辛苦校稿編排下，眾志成城「廣西參訪遊記」一書，趕在雙十節年假前出版。本書以中國全民民主統一會廣西南寧崇左巴馬參訪旅遊為副標題，幾個景點地名很顯著，由文史哲出版社發行。

　　本書近兩百頁，內附團體照片十六張，大、小照片一百三十多幅，均以彩色版刊登，讓參與者賞心悅目，長留回憶。有二十幾位友人提供心得分享，讓第一次寫作者，看到文章刊登的喜悅，由衷感謝您們。秘書長陳淑貞女士，廣西行緣起一文，讓大家瞭解此行的因緣合和，書內大部分照片均由他修飾註記，特別要感謝她！本人有十篇遊記感言。台客兄有詩作及作品數篇。主篇福成兄未參與卻有多篇作品及詩作，讓大家回味各景點的景點風情。錦璋兄寫團員芳名薈萃錄，將全體團員名與字以五言詩詞詮釋，煞費苦心，並附錄二文「離座不忘回頭看」暨「淺談第三醫學」值得拜讀。彭社長正雄兄附錄三、四、五是很好的知識及養生保健。

　　感謝起心動念的主編福成兄，因有您一句話：「廣西八日參訪」回來可出版一本書，前後不到四十天完成，喜見此書出版第一時間，我先睹為快，樂於介紹分享。　　2017.10.09

172 宜蘭參訪記

再度組團宜蘭參訪是月前廣西之行的承諾，錦璋兄答應大家前來參觀黎明居（英式維多利亞）建築，且熱忱接待參觀及午宴。

同車中有一半以上友人再度前來，一則蒙主人熱誠邀約，二則宜蘭好山好水值得再遊。我們一行卅幾人上午從臺北出發，車上卡拉 OK 歡唱，台客唱一首「思念的海岸」（註），歌美詞美，我讚美之餘他即刻傳到群組分享！車抵宜蘭沿途時晴時雨，我們提前抵達顧問黃錦璋位於宜蘭的獨棟豪宅別墅，經主人介紹當年購買此棟豪宅的因緣經過，三層樓開放自由參觀，大夥室內室外紛紛留影，並照了團體照。

約停留一個多小時，即往蘇澳有名的永豐活海鮮餐廳享用午餐，主人備兩瓶高粱卻忘了帶上車，無酒不成席下，秘書長即請喝啤酒，大家開懷暢飲，賓主盡歡。下午一點多離開餐廳，車子開往員山鄉的會員周安花家。屋前有花園，屋後養鵝、養雞、養魚、種花、種菜，女主人能幹，讓大家敬佩。

在安花女士家中的客廳唱卡拉 OK，品茶喝他私藏金門高粱酒，歡樂了一個多鐘頭，大家依依不捨，下午三點左右才離開。午後本來是前往預定旅遊景點也因天雨而改變，計畫趕不上變化，下午被大雨困於兔子迷宮，這是一家位於員山鄉半山頂的

觀景餐廳。大夥在餐廳享用消費咖啡糕點，有較長的時間交誼聯歡，未嘗不是另一收穫。因大雨萬龍埤步道健走只好取消，下午五點提前往宜蘭市的「駿」懷舊餐廳。我宜蘭兩位好同學恆宇、遠蓬特別送來四瓶金門大高，錦璋兄邀請七賢兄弟前來相識，席開五桌，高朋滿坐，大家快樂相見認識，並留下大合照很珍貴。

　　緣起於全統，緣續於廣西，再續於宜蘭，幾次的旅遊要感謝本會陳秘書長淑貞的策劃執行，更要感謝大家熱烈的支持，讓大夥有聯誼認識的機會。當然錦璋顧問慷慨應允，才能圓滿美事。

2017.10.12

註：　　**思念的海岸**

捧著阮心肝　思念對面看

又擱來到傷心的海岸

問你敢知影　人在想你啦

感情線用生命黏相偎

愛你的心　大聲喊

叫你的名　煞來輸給眼睛裡的落雨聲

陣陣風　將夢打散　阮孤單影

無情海湧打不開　愛你的我

你的名　刻我心肝　也等在這

173 牙診「根管治療」

　　一向標榜牙齒很好的我，最近為蛀牙產生牙疼困擾，只好求助牙醫，體會到到「牙痛不是病，痛起來要人命」的諺語不虛。不得不承認生理器官老化的必然。

　　幾年來每半年洗牙一次，此次卻偷懶逾八個月，洗牙時才發現有三顆蛀牙，牙醫建議做「根管治療」。所謂根管治療是俗稱牙齒抽神經，將蛀牙內部的相關病菌加以處理，讓蛀牙不致惡化，如連根拔除，就無法再加上牙套。牙醫告知，蛀牙做根管治療，有條件下才能裝上牙套，就可以讓牙齒在口腔內繼續為您服務！幾顆蛀牙陸續治療，兩個月來每週複診一次，費時又花錢是很無奈！身體平日保健是預防生病，牙齒保健亦如是。有牙週病變者，通常落個拔牙植牙花大錢，真正名副其實，花錢買好牙。

　　我周遭友人因植牙花上百萬者有之，暮年牙齒不好影響身心健康！常聞年逾七十，尚有滿口好牙，可以多活二十年以上。牙好消化好、腸胃好、營養吸收好，身體必好，這是良性循環。反之以上都不好，您有同感嗎？

2017.10.15

174　視訊之便捷

　　視障者，語言溝通無礙，可透過電話交談，聽障者視覺無礙，可透過視訊手語溝通，這是智慧型手機最大的便捷。

　　日前看到一位聽障者透過手機視頻與友人做手語交談，引來旁觀者好奇，我亦是其中之一。原來視訊帶給聽障障者溝通更方便，面對面無遠弗屆。多年前報載電話可以看到彼此對方時，大家都很好奇，想不到在智慧型手機輕而易舉兌現了，只有旅居國外的親友需要以視頻通話，一般人不太使用它，其實用性在聽障者更需要。

　　科技帶給人類許多便捷，智慧型手機成為人類鴉片煙是事實，每天使用不能須臾分離！我很佩服一些人至今未使用智慧型手機，他們減少資訊的獲取，相對地有更多時間做自己。何謂得失取決於個人價值觀，沒有對錯。您以為呢？

2017.10.19

175 老健是福

　　最近看到許久未見的球友，身心老化很快，步履蹣跚，舉步維艱，原來走路摔跤兩次。七、八十歲以上年齡者，最怕車禍及跌倒，經不起意外傷害，許多人因此喪生、身體行動不便，接著急速老化，生活周遭許多實例，時時要警惕自己。

　　生老病死是生命的無常，生要生得好；老要老得慢；病要病得輕；死要死得快。這四項，除了生不能選擇外，老、病、死是可以靠自己安排。何謂老得慢?是指身心兩方面，生理上；外表看起來比實際年齡年輕十歲到二十歲，心理上；心態要趕上時代。人吃五穀雜糧，人人會生病，小病好治，大病難醫！後者要靠養生保健，注意均衡營養、作息正常、運動有恆、有好心情，這些都是好習慣。死是必然，老死是自然死亡，莫久臥病床，才是福氣善終。

　　最近因手骨折，回診進出新光醫院多次，看到老病求診者眾，感嘆老健是福，是為文。花開一季，人活一世，只有時光安然無恙，無常是也。

2017.10.21

176 展現生命力

　　漫步於芝山巖環山步道，看到被強風撕裂的樹木，被豪雨沖斷的樹根，雖然一半枯萎，但另一半卻蓬勃生輝，見證到強韌的生命力，枯樹如此，花草亦不例外，好有一比，動物鳥禽受傷，亦有自我治癒能力。

　　君不見流浪狗生病，尋覓野草啃食，能自癒療傷，如今寵物嬌生慣養，因人類呵護餵食，已失去原本求生能力。人施打各類型疫苗，要不斷的研發新抗體病源，再再說明病菌亦有其求生之道。人是最能適應環境的動物，酷熱寒冬都能克服，雖未必能人定勝天，但展現生命強韌的動力處處可見。

　　從大自然界看萬物，潛意識求生的本能在動物頻道可見，我喜愛收視有線電視台的動物星球、國家地理頻道及 Discovery 節目，自然界弱肉強食，物競天擇表露無遺，人類殘殺動物皮毛的圖利是野蠻行為，如今環保意識的抬頭，加上世界保護野生動物協會的制約，才終止血腥殘殺。我認為佛教界推行素食，是護生的具體表現。

2017.10.23

177　運動傷害

　　身體器官如眼睛視力、手腳運動，如過度或不當使用，輕者造成視力減退，手腳運動傷害，重者視力、手腳動刀，此說但見生活週遭友人。

　　常見五、六十歲以上年紀者，因白內障手術，膝關節開刀，除了自然老化退化外，大多數患者都是使用不當或過度運動造成。兩個月前我右手意外受傷，開刀裹上石膏，一向用食指寫字的我，只能用中指替代，卻因過度使用，造成板機指，是肌腱與腱鞘因過度磨擦而產生炎症，手指彎曲後肌腱就卡住，中指伸不直，是肌韌傷害。骨科大夫開了半個月的舒肌痛膠囊讓我肌肉鬆弛及鎮痛劑。個人受傷之後體會到過度使用的傷害，聯想到昔日軍中營測驗前訓練的行軍，都造成腳膝蓋骨磨損，當時大家年輕不覺得是傷害，但其後遺症是在晚年，之故愛惜使用手腳是不宜提重，爬上、下階梯或登高山，保健雙腿，才能使用長久。

　　常見運動傷害者有「網球肘」、「高爾夫肘」、閃腰，都因著力不當造成，一些好舞者因跳舞而傷膝，一些馬拉松長跑者、好登山者，晚年膝蓋受損，更換人工關結或施打玻尿酸者有之。可見運動傷害如影隨行，除了注意保健之外，過度使用或多或少造成傷害，不得不慎。

2017.10.26

178 植樹一棵

　　好友蘭學長曾勉我說，人要做三件事才不虛此生，其一、傳宗接代，其二、要寫上幾本書，其三、要植株可以成長十年以上的樹木。思索後深覺有理。

　　其一、我目前做到傳宗，因子女至今未婚，尚未做到接代。其二、寫幾本小品著作，正努力第三冊將完成二百篇，明年春節之後可望出版，其三、今上午完成此心願，在一位高齡九十一歲的王先生協助下，共同完成植一株榕樹，此樹植於芝山公園附近，每天健走可順路巡視並澆水，要看到他成長成樹，「十年樹木，百年樹人」，幾十年後雖不在人間，但它仍生生不息。

　　人生不留白，是簡單的心願，多少人能做到，平凡到以上三願，總是自認不虛此生，足願矣！

2017.10.27

179　愛心護樹

　　人是自私的，日前植榕一株，兩天來晨運必先巡視，芝山岩周邊有多少花樹，我獨有此愛心，此乃私心也。

　　感謝王先生同理心，有一分愛心，我倆共同護持，他說剛植下的樹，要呵護完成移植新生命，頭幾天要勤澆水，下雨天除外，我出門時順帶一瓶寶特瓶 600cc 水，希望它能很快存活並成長茁壯。樹的生命比人要長久，小心呵護讓它永續生長，長長久久可逾百年。

　　人與自然界生物相比只有數十寒暑，植物若不受天災人禍之害，亦可安養百年以上，尤其喬木的生命力綿延千年，君不見阿里山神木群，樹種皆為紅檜，樹齡一、二千年仍生生不息，看到二、三千年的神木，歷經多少風霜苦難仍能存活，不愧稱為神木，人實在渺小。

2017.10.29

180 行善的人

　　我不解的是何種動力，驅使他一年四季始終如一，為芝山公園環境整理，無怨無悔，默默行善付出。

　　經常健走芝山公園環山步道的人，會看到一位年約五十歲的中年人，手提好幾個塑膠帶，沿路撿拾垃圾，以煙蒂、紙屑、寶特瓶及髒亂物品為主，數年來如一日。夏天著紅短褲、白色汗衫，冬天夾克、長褲，默默做一拾荒人，從不與人交談或與人打招呼，每天獨來獨往。旁人都認為他精神官能異常，他却能每天甘之如飴行善。在一般人眼下，這是一種無法解釋的怪異行徑，但他不以為苦，每天獨居芝山岩上的一涼亭。據說一位善心婦人每天為他準備三個便當，他因無工作能力，無法自食其力。

　　引用莊子名言：「子非魚焉知魚之樂」。他每天拾荒自得其樂，我們不是他，焉知他內心的世界不是快樂？

2017.11.01

181　產後護理之家

　　中國人最重視婦女生產後的照顧及調理，俗稱坐月子，產婦一個月內不可勞動要進補，不可風寒要保暖，老一輩的人重視產後護理可見一斑，如今到處可見產後護理中心。

　　近十幾年來最夯的行業之一即「產後護理中心」，床位難求，要先預訂，其設備是現代化，聘請有醫護人員、營養料理師、護理師。參觀護理之家，探視嬰兒必須穿著中心規定的衣服及鞋套，以防嬰兒感染。如不便探視，院方提供電視視頻可以清楚地看到產婦及小 Baby，設備週全下，收費亦不貲！每天費用八千至一萬元不等。坐月子花上二、三十萬元還要提前預約，我形容是時下最夯的行業。

　　時代在變，眼前許多生活事都隨之而變，父母為子女產後住進護理中心，花錢放心又省事，即使子力無力負擔亦捨得付出。

2017.11.04

182 優生養生樂生

　　聽董延齡名中醫師的一場演講，談優生養生樂生的人生，有感筆記加上個人一些心得，略述如下。

　　戰後的日本，因感種族品種較矮小，特別強調營養補充蛋白質的優生，年輕的一代身高長高了，可見優生的先決條件首重營養！他自喻從小在戰亂時代，經常捱餓，三餐不繼，營養不良。來台後就讀員林實驗中學得以溫飽，身高速長將近 170公分，得助好的營養。他舉例種稻前，必先犁田、除蟲、施肥，讓水稻有優質的生長環境。可見優生的重要，動植物品種 DNA基因遺傳的改良都是優生。

　　其次談養生；人人耳熟能詳五要素；規律的生活、均衡的營養、適度的運動、好的新陳代謝、好的心情，這是大家熟知的養生知識。但反觀多少現代文明病都是三高引起。在飲食上很難克制七分飽，暴飲暴食、大吃大喝的風氣是對身體最大傷害，知易行難的養生很難做到。這五項養生最重要的是每天有好心情，您做到了嗎？

　　第三談樂生，簡單說就是快樂活，樂活當下的人生，佛家常常提及的「離苦得樂」，仔細思量，您每天的當下，常為許多生活的瑣事煩心，怎麼快樂？年輕人為事業打拚操心，中年為子女成長憂心，老年後為不健康煩心，人生一輩子要樂活委實

不易！不同年齡有不同的煩惱，如何離苦得樂是一輩子要學習的功課。

　　優生有條件，養生靠自己，樂生是退休後比較容易自我實現，每天開心，幸福在您左右。以上所述不知認同否？

2017.11.06

183　田園之樂

　　種花賞心悅目，種樹喜悅成長，都能陶冶心情。看到一年四季花開花落的生命輪轉，喜見十年、百年樹木屹立不搖，花草是短暫的生命，樹木則是長長久久，因它們基因不同，命運不同。

　　種花種樹要有條件，住家有庭院是先決條件，您要有田園之樂，您要有退休之閒，種花植樹是要辛苦勞動，靠體力勞力。自古田野生活者長壽，因勞動體健。現住都會區大廈公寓，受限環境，有人只好在山上認養土地，每天開車上、下山，栽種蔬菜，自得其樂，喜悅收成分享友人，利人又利己。我復興崗同學陸訓兄多年來勤於農事，樂在其中，是教授是博士退休後甘之如飴。我們分享他種的蔬菜水菓，很羨慕他的田野之樂，住宜蘭黎明居的錦璋兄，維多利亞田園別墅，讓他為整理花草樹木每天忙碌，樂在勞動不以為苦。

　　少部分同學享受戰士授田的機緣，在曾文水庫山上，自建農舍，栽種果樹，同學嚮往，我們曾是座上客，真正過著田野生活，深居山中享受幽靜！吉淵兄、弘忠兄都有這分福氣，另住玉里的昭仁兄、台東的繼曾、住長濱的榮光賢伉儷，花蓮的紹安兄，紹龍兄都是田野生活的典範，我們都曾是座上賓。同學退休能與大自然山林為伍，必健康長壽。

2017.11.11

184 天地乾坤之氣

　　天地之氣離不開陰陽，天有陽氣地有陰氣，人生在宇宙大氣中，亦存在於陰陽乾坤中。宇宙由十種成分組成：天、地、陰、陽、木、火、土、金、水和人，五行陰陽不離其中。惜人每天在陽氣中，卻缺少地氣之滋潤，除了鄉村林間小路可見泥土，在都會城市全由柏油瀝青鋪蓋，腳上鞋子阻隔地氣之吸收，有礙自然界中陰氣之調和洗滌。

　　記得三十幾年前在復興崗擔任隊職，每天下午體育活動時間，必在校園操場陪學生慢跑，但見一長官躺臥操場中，好奇一問，才知身體接觸地氣有益健康，如能偶而赤足慢步泥地，亦是養生之道。這個概念久存腦海中，到退休後這二十多年來，我會赤足在綠草慢走，感覺清涼的地氣湧上心頭，身心舒適。住家附近走泥地只能在雙溪河濱公園才能享有，在臺北泥土寸地難求。

　　聽過一笑話，昔農人每天赤足農事，抽完煙蒂順手丟在地上，用腳踩滅，腳底長了厚繭竟然不怕燙傷！農夫天天接觸地氣，身強體健，不可思議。如今赤足行走在馬路刺痛難行，只因缺少踝足行走習慣。家住雨農國小毗隣之便，利用例假日到操場，在綠草如茵的操場健走，我享受腳踏草皮的地氣，養生又保健，您有赤足健走的體驗嗎？

2017.11.13

185 不一樣的同學情

　　同學有多種，各不同階段的學程有機會成為同學亦是緣，學校教育從小學、初、高中到大學，謀職後許多職前訓練，尤其軍人要有學、經歷，初級班、正規班、指參教育，研究所進修等，一生中同學何其多，但尤以軍校四年的革命情最深。

　　友人疑惑問我，為何您們復興崗同學感情這麼好？其一、四年求學朝夕相處，其二、暑期訓練有八週生活一起。如駕訓、通信、傘訓及畢業前的軍事訓練，我們混合編連在一起訓練，四年中有許多的機會共學，難怪容易熟識！常提及某人是一起入伍同班、同連的機緣，即使三、四十年後還是記憶猶新，此難忘同學情。

　　服役期間又有許多機會同事、同單位，退休後常舉辦同學會，兒女結婚參加喜宴，交情深者南北都往來，這份情珍貴。昨在高雄舉辦 14 期同學會，北、中、南參加同學及眷屬將近七十位，其中一位同學鮮少參加同學會，我們竟然有近五十年未曾見面。老同學見面有聊不完的話題，餐會後摸彩人人有獎，藝術系萬齡的牡丹，景浩的竹、葡萄、草蝦、荷花，清民的花鳥，嘉峻的山水，世經及錦璋的墨寶，都是十分珍貴，我們以能擁有它們為榮。

2017.11.16

186　健康的行業

　　每天晨昏健走於芝山環山步道，見到打掃步道的清潔工，不忘問早道好，並感謝他們，賜給我們良好的生活環境，我會豎舉大姆指稱讚。

　　形容他們的工作是最健康的行業之一。每天環繞芝山公園步道又打掃兼運動，呼吸新鮮空氣、鍛鍊體力，工作之餘，一舉兩得。我問週休二日對他們有否影響？他們說週六、假日是輪流打掃，每週仍可休假兩天。下雨天落葉在步道難掃，曬乾黏板更難清理，工作辛苦是必然，每天至少花三、四小時才能完工。

　　得知他們隸屬臺北市政府公園管理處，是員工屬於勞工，退休後可以享受勞基法的一切福利！辛苦一輩子，清潔工如是行業，工作可以帶來大家歡喜又敬佩，是勤勞體力所得代價。職業無貴賤，敬佩之餘為文。

2017.11.18

187 友人何處遇

　　如果我出題問您，平時容易遇到熟朋友的地方，您會回答哪裡呢？其一、婚喪喜宴，其二、同學會、同鄉會，其三、社團活動、旅遊，其四、醫院，其五、集會抗爭遊行，應該離不開以上五點。

　　最近參加八百壯士抗議政府年金改革不公，上街遊行無數次。以復興崗校友會為首，各班期輪值者，我都會參加！最難得是遇到幾十年未見面的長官、學長、學弟，不期而遇，為同一理念訴求，同仇敵愾之心是相同，相見歡不在話下，這是參與集會抗爭遊行中的邂逅。其次是在石牌榮民總院，我探視友人住院或陪友人看病，最容易認識老朋友，年紀大、身體有毛病，門診看大夫是天經地義，不期而遇是興奮的。

　　喜宴上我準時赴會，距離開席至少一小時以上，老朋友可以相見歡，話談彼此近況；在追思告別式上，參加悼念的無奈，尤其有教會儀式或佛法誦經要全程參與，前者是喜樂；後者是哀傷，生活中易遇到共同的親友。最難得他鄉遇故知，在捷運上、在公車上、在人來人往的車站都有邂逅的驚喜，老同學、老朋友有共同時空下的回憶，憶當年年輕的天真、熱情、豪放盡在眼前，拾回一顆年青人的心。這是相見歡快樂的話題。

2017.11.22

188 花開花謝

花開的美艷，花落的凋零，就是人生最好的寫照，孩童的天真可愛，人見人愛，如同花開人人喜愛，花落的哀怨，如同年老體衰多病的無奈。生老死生，生生不息。

前些日子，一位王先生協助我植樹，從挖土、移植到栽種，都留影紀念，特別將照片沖洗相送。王先生高齡 91，看到照片說很難看！原來他與我合照自認老醜，我羨慕他高齡體健，每天勞動種花植樹，人老了有智慧之美；有歲月留下之美，不能以外貌美醜評論。皺紋是代表歲月痕跡，是另類成熟之美。

天有陰晴、月有圓缺，春夏秋冬、四季輪轉，地有花草樹木四季換裝，大地山河景色亦是如此！人生於天地之間又何嘗例外？從孩童、到青春、到中年、老年遲暮、到生命結束，生命的軌跡隨時空流轉。天行健，君子以自強不息，數十寒暑生命，人何其渺小！希望有生之年，生命的美，是心安理得、是問心無愧，值得讚嘆歌頌的，如此才不虛此生。

2017.11.23

189 健康才幸福

　　父母年邁健康平安，子女成家立業成器，彼此無掛礙是幸福。為人父母，為人子女彼此應有此共識。

　　近幾十年來，家家戶戶少子化，是潮流時尚，父母年老若體弱多病，是子女的一大負擔，子女成家與否？成家後婚姻是否美滿？經濟的生活、孫輩的成長等等都是父母的牽掛。上下兩代的親情延續到第三代，因為有那分愛，無法止息的關懷就是煩惱。

　　小家庭的社會，三代同堂居住的機會已不復存在。若子女旅居國外或父母南北居住，彼此見面不易，只能在逢年過節團聚而已，親情自然疏離！這是工商社會自然現象，人人上班工作忙碌，若父母健康出了問題，為人子女如何照顧？成為現代家庭及社會問題。之故，父母身心康健是子女最大福利，子女成家立業是給父母最大安慰，千萬不要讓親情成為最遠的水。

　　　　　　　　　　　　　　　　　　　　　　　　2017.11.28

190 專業一生受用

　　日常生活中，接觸到理髮、修改衣服行業，我好奇問他們從事理髮或幫人修改衣服有多久？他們的回答是一樣：從小學徒做起，至今四十幾年！我很佩服他們執著專業的精神，能一輩子以此謀生。他們是學藝的工作，短時間內很難學精，別人無法取代。

　　當今工商業時代，這兩項行業專精後，人人尊稱理髮師、裁縫師。當年他們十幾歲放棄學業，拜師學藝，是理髮、裁縫非兩三年不能習精，幾十年工作經驗成就他們精良的手藝！時下雖然部分工具機械可以取代，但手工精細還是備受歡迎，如手工饅頭、水餃、麵線等，那是萬能機器無法取代。

　　猶記得民國五十三年九月入伍，為我們理髮的師傅，半世紀之後都已高齡八十幾。再度拜訪，他們自認體力、眼力尚好，自己的店面，將理髮當消遣，有收入又解無聊，一輩子的理髮，賺進五棟樓房，佩服有始有終的敬業精神！不管是理髮師、裁縫師，數十年不改其行業，成就了他們事業家業，一般人很難做到吧！

2017.11.30

191 自省做到否

　　古云:「無道人之短,無說己之長」。簡單十個字,自我省思,您做到了嗎?生活中喜談別人八卦,搬弄是非者,喜歡傳播不實謠言者,無形中破壞朋友之間感情,挑撥別人是非,影響別人判斷是非對錯能力,因受您先入為主的說詞混淆了。

　　佛門慈悲,勸人莫造口業,業力給人兩只眼睛,兩只耳朵和一張嘴巴,意在讓人要多看、多聽少說話。因為多看、多聽能增長人的見識和智慧,少說話能使人遠離是非。佛把口業分為四種:惡口、兩舌、妄語、綺語。惡口是罵人的壞話,兩舌是說搬弄是非,口業是妄語,說講虛妄的話,所說的話與事實不符。綺語,就是所說的話從表面看來,好像是一句很好聽的話,但是其中卻暗藏著欺騙、迷惑,煽動人,使人喪失了道心、正念,這類話就是綺語。搬弄是非,製造是非,這都是口舌的惡業。「靜坐常思己過,閒談莫論人非」是做人的美德。少批評、多讚美,是避免口業的好方法。

　　星雲大師鼓勵大家做到三好:「做好事、說好話、存好心」及四給:「給人希望、給人信心、給人方便、給人歡喜」。這是待人處世的修養,如果您做到了,就是善知識的力行者。生活中常聽到有人喜捕風捉影、以訛傳訛,散佈別人不實是的消息,心地不厚道,這種心態日久必昭然若揭,朋友日漸會遠離您。

2017.12.02

註：

座右銘

崔　瑗

無道人之短，無說己之長。
施人慎勿念，受施慎勿忘。
世譽不足慕，惟仁為紀綱。
隱心而後動，謗議庸何傷？
無使名過實，守愚聖所臧。
在涅貴不緇，曖曖內含光。
柔弱生之徒，老氏誡剛強。
行行鄙夫介，悠悠故難量。
慎言節飲食，知足勝不祥。
行之苟有恆，久久自芬芳。

192　從反共到促統

　　2017 年 12 月 3 日是早餐會 37 年第 432 次（註一），余會長邀請到名人演講是高齡百歲的許歷農上將，慕名前來聆聽者多達七十多位。我在電梯口迎接到老校長人人尊稱許老爹（註二），陪同他進入會場，即向每桌來賓一一握手致意，展現大將的親和力。演講前大家爭前合照，見證許老爹的群眾媚力。

　　請到許校長演講他謙虛的提出兩點引言，略述分享：

　　其一、談長壽之道：除了老生常談，大家耳熟能詳的規律生活、均衡營養、適度運動、睡眠充足加上好的心情之外，老爹提到一個字：「笑」，兩個字：「開心」。總結來說要有好的心情。要如何做呢？凡事不要放心上、不計較、要放下、要忘記，做到事過即忘。他引用宋朝無門慧開禪師一首詩：「春有百花秋有月，夏有涼風冬有雪，若無閒事掛心頭，便是人間好時節。」他說人能無事掛心頭，自然沒煩惱，長壽之道。

　　其二、從反共到促統：我在臉書放了一篇文章，從反共到促統，引起許多人正反的認知爭議，也引起許多人質疑，不得不再發表文章說明，這種轉變是我一直跟著時代的道統走！大陸自從 1978 年中共三中全會，鄧小平說要走自己的路，要建立具有中國特色的社會主義，不以書本做教條，不走西方資本主義模式，要步步踏石，摸著石頭過河，要力行實踐三個指標：

1、提升人民生活品質。
2、促進社會生產力。
3、完成國家經濟發展。

　　並強調實踐是檢驗真理的標準，不管白貓黑貓，會抓老鼠的就是好貓。將一窮二白的貧困，慢慢提升，超越七大工業國，自 1995 年 2001 年 2005 年 2006 年 2007 年 2010 年先後超越加拿大、義大利、法國、英國、德國、日本，2011 年僅次美國的經濟體，2015 年超越美國成為世界第一大經濟體，美國、日本公認中國經濟領先是潮流所趨！高希均教授說，中國這 30 年來，成就人類有史以來未有的經驗。引用英國智庫說，一百多年來，中國將主宰世界經濟，2030 年或更早將取得世界經濟主導地位。

　　台灣在歷史上與大陸是不可分割，從文字、語言、血統、文化、生活習慣、風俗及宗教信仰等都有同質性。這是歷史淵源的必然，我們認同中國大陸改革開放的經濟成長，進步起飛，沒有理由不期待中國早日實現兩岸的和平統一。

2017.12.04

註一：早餐會由何志浩將軍成立，我 75 年參加至今 31 年之久。
註二：40 年前在政戰學擔任隊職，時許歷農中將任校長，師生之緣。

193 老之健忘

　　常與年齡相近的同學及友人，聊談中想起往事，一些人事地物想不起來，是老化的生理現象，記性不好大家很自責，一時記不起，但隔會兒才想起，我說這是正常。年輕時記性好思考力差，年老時反之，老天是很公平的。

　　引用描述老人的順口溜（用台語唸）：「站咧無元氣，坐咧就哈戲，倒咧困抹去，無食愛生氣，食飽敖放屁，見講講過去，現講現忘記，出門無地去，要死無勇氣，衹好活下去！」仔細想想不無道理。曾在網上看一文摘錄分享：

忘 與 記

「記」是聰明；「忘」是智慧、是修養！！！

年幼時期，我以為記得牢是真本事，過目不忘的大腦，真是天才啊！

中年以後，我逐漸領悟到忘得掉才是真幸福。

忘不了別人的閒言閒語──人生會披上一層灰色陰影；

忘不掉傷心的往事，人格會逐漸扭曲。

壯年以後，我開始向神求「健忘」之恩

忘掉過去的輝煌，這是謙卑。

忘掉已往的失敗，這是勇氣。

忘掉從前的創傷，這是饒恕。
忘掉昔日的罪過，這是感恩。
忘掉朋友的不週，這是大方。
忘掉仇敵的攻擊，這是愛心。
「忘」比「記」難多了，「記」是聰明；
「忘」是智慧、是修養！！

　　總結來說，在有記憶之年，忘掉昔日今日的不悅之事，記得昔日及今日樂活之事。人生要活在當下，才能光采！餘命有限，何苦自尋煩憂？放下、看透、想開、才是老來之樂。您以為然否？

2017.12.07

194 南京參訪

經由南京市台辦李芬琴主任的安排陪同下，我們有幸參觀兩個有紀念意義的抗日航空烈士紀念館及南京大屠殺史實展，順道走了一段南京眼步行橋，美侖美奐的建築加上附近整齊的高樓大廈，我們看到南京的現代化。

參訪一：南京抗日航空烈士紀念館

在解說員詳細介紹導覽說明下，我們看到當年國民革命軍抗日烈士的英雄事蹟，紀念館保存歷史事證，蔣公夫婦、美國陳納德將軍訓練的飛駝空軍，參與抗日的史實，許多歷史照片的呈現，證明共產黨在空軍抗日是一片空白。該館耗資四千多萬元、佔地四千多平方米。南京抗日航空烈士紀念館 2009 年 9 月 26 日在南京市紫金山北麓建成開放。它是世界上首座國際抗日航空烈士紀念館，講述了第二次世界大戰戰期間，中、美、蘇等國空軍在中國大地上聯合抗擊侵華日軍的英勇歷史。紀念館共分為四個部分，分別由「壯志凌雲」、「緬懷先烈」、「奮勇抗敵」、「國際援華」四個部分組成。為讓更多人瞭解當年歷史，紀念館實行免費開放。據解說員說，近幾年來美國、蘇聯及日本，他們當年犧牲的烈士家屬，每年都前來追思哀悼。今有幸參觀特介紹。

參訪二：南京大屠殺史實紀念館

侵華日軍南京大屠殺遇難同胞紀念館是南京市人民政府為悼念侵華日軍南京大屠殺遇難者而設立的遺址型專門史博物館。館址位於南京城西南江東門，是當年日軍大屠殺的一處主要地點和遇難者叢葬地。紀念館於 1985 年落成開放，經過 1995 年、2005 年兩次擴建，現占地約 7.4 萬平方米、建築面積 2.5 萬平方米、展陳面積 9800 平方米，包括展覽集會、遺址悼念、和平公園和館藏交流等 4 個區域，其中展覽陳列包括廣場陳列、遺骨陳列和史料陳列三部份。該館收集了一萬多份歷史資料和文物，是國家一級博物館、全國愛國主義教育示範基地。2007 年 12 月 13 日竣工，總投資 4.77 億元人民幣，建設工程獲得民間捐款 450 萬元人民幣。擴建工程由華南理工大學何鏡堂主持設計，建築構思展現「戰爭、殺戮、和平」三個概念。擴建工程自老館向東新建了新館，向西增設祭場、冥思廳及和平公園等，還拆除了原館圍牆、調整了警世鐘的位置，擴大了悼念廣場，改造了老館，並對「萬人坑遺址」進行隔水保護。擴建後，紀念館占地面積由 2.2 公頃擴大到 7.4 公項，總建築面積擴大到 22500 平方米。（以上百度搜巡）

南京大屠殺死難者國家公祭儀式自 2014 年起每年 12 月 13 日在侵華日軍南京大屠殺遇難同胞紀念館舉行，主辦單位為中共中央、全國人大常委會、國務院、全國政協、中央軍委，黨和國家領導人會出席公祭儀式。今逢南京大屠殺八十週年，有機會參觀以上兩館，對中國大陸保存史蹟的歷史，將永遠在中國人心中，留下血海深仇的仇日心結，要國人世代都記取血的教訓，意義深遠。　　　　　　　　　　2017.12.17

195 揚州雨中遊

　　好友 Peter Tao（註）是揚州人，說了一口流利的揚州話，經由他導遊我們一行五人做了揚州一日遊。今上午乘地鐵到南京轉乘大巴，約一個半小時抵達，可惜陰雨綿綿，只好雨中遊瘦西湖，搭乘遊湖接駁車，導遊沿途講解，雨中一遊，我們看到煙雨濛濛的揚州之美。

　　近午我們來到有名的富春茶社又名淮揚第一樓，位於中國江蘇省揚州市古城中心的得勝橋巷，始創於清光緒十一年（1885年），是淮揚菜系最著名的傳統名店之一，被列為國家特級酒家、中華餐飲名店。

　　茶——魁龍珠，用浙江的龍井、安徽的魁針加上揚州的珠蘭窨制而成。一杯六元～十元人民幣，聽說當年乾隆皇帝讚不絕口。

　　淮揚細點——三丁包、千層油糕、翡翠燒賣曾獲得中華廚藝金鼎獎，被定為「中華名小吃」。

　　淮揚菜餚——蟹粉獅子頭；大煮乾絲；水晶餚肉；清炒蝦仁、鹹水鴨、蟹黃湯包美味吸汁亦燙舌，我們享受佳餚美名不虛傳，以上都是此店名菜。順此一提，揚州三把刀此巷到處可見，是指廚刀、剃刀、修腳刀。

　　瘦西湖其實是揚州城外一條較寬的河道，最初在清朝康熙

年間名為保揚河，嘉靖時稱為保障河（湖），也被稱為炮山河、長春河。面積 480 多畝，長 4.3 公里。原是唐羅城、宋大城的護城河遺蹟，南起北城河，北抵蜀岡腳下，明清時期，許多富甲天下的鹽業鉅子紛紛在沿河兩岸，不惜重金聘請造園名家擘畫經營，構築水上園林。乾隆極盛時期沿湖有二十四景：卷石洞天、西園曲水、虹橋覽勝、冶春詩社、長堤春柳、荷浦薰風、碧玉交流、四橋煙雨、春台明月、白塔晴雲、三過流淙、蜀岡晚照、萬松疊翠、花嶼雙泉、雙峰雲棧、山亭野眺、臨水紅霞、綠稻香來、竹市小樓、平岡艷雪、綠楊城廓、香海慈雲、梅嶺春生、水雲勝概，譽為「兩堤花柳全依水，一路樓台直到山」。康熙和乾隆兩位皇帝均六次南巡來此，對這裡的景色讚賞有加。

瘦西湖名稱的來歷，是乾隆年間寓居揚州的詩人汪沆的一首感慨富商揮金如土的詩作：「垂柳不斷接殘蕪，雁齒紅橋儼畫圖；也是銷金一鍋子，故應喚作瘦西湖。」瘦西湖的特點是湖面瘦長，蜿蜒曲折，「十餘家之園亭合而為一，聯絡至山，氣勢俱貫。」（谷歌搜尋）

因雨只好搭乘遊園導覽車，在濛濛細雨中走馬看花，賞心悅目不忘留影留景，留下到此一遊的紀念。

2017.12.19

註：聽慣星雲大師的揚州話感到很親功，聽 Pet toa 學星雲大師的講話唯妙唯肖，學蔣公、學經國先生、學毛澤東講話，讓人逗趣，我形容他是多才多藝的鬼天才一點不為過，他留在美國工作多年，即席翻譯的英文

流利無人能比。有他在的場合不會冷場，他的幽默風趣及反應是一流的，有口才、有音樂天分，會彈鋼琴、古他、keyboard 更會唱歌，如此的才華無人能比，我打心底佩服。

196 因緣遊秦淮河畔

　　抵南京第二天中午，南京老山抗日戰爭勝利交流中心楊錫寧秘書長於中央飯店設宴，席上說明此次邀請台灣八十政黨及社團領袖等特定代表一百餘人，未能成行之因。因此次辦理南京大屠殺遇難同胞紀念活動，主辦單位為中共中央、全國人大常委會、國務院、全國政協、中央軍委，黨和國家領導人會出席公祭儀式。他們未事先透過正常管道程式申請，由南京市台辦。省台辦、到北京國台辦，而私相授受，發出邀請，致未經核准。

　　午楊秘書長設宴，表達內心歉意，我們因緣相識於南京，特安排於於中央飯店，並介紹此飯店是建於 20 世紀 20 年代末，當年以西餐著名，它是三、四十年代首都南京最負盛名的飯店之一。2006 年 6 月 10 日，被公佈列入第三批南京市文物保護單位名單，近一百年的豪華建築引起我們好奇，的確是一家有特色和歷史的酒店，天之藍美酒加上佳餚，賓主盡歡，坐上客是來自台灣的五位佳賓。

　　午餐後大家提議遊走秦淮河畔，大夥在喝完咖啡小憩後即徒步前往，這聞名遐邇的秦淮河街道。秦淮河是長江下游右岸的一條支流，位於江蘇省西南部，全長 110 公里，流域面積 2630 平方公里。秦淮河大部分在南京市境內，是南京最大的地區性

河流，被視為南京的「母親河」，其中流經南京城內的一段被稱為「十里秦淮」。秦淮河古稱龍藏浦，直到唐代詩人杜牧作《泊秦淮》一詩之後才被廣泛稱為「秦淮河」。（維基百科）

　　十多年前曾來此一遊，如今景色依舊，但見更繁華進步。如今的十里秦淮河還是光彩奪人，夜景仍是讓人流連忘返。以夫子廟為中心，亭台樓閣建立與秦淮河兩旁，夜遊美景仍是一大樂事。走在秦淮河步道兩旁的法國梧桐樹數丈高，冬天黃葉落滿地，另類景色宜人，街道熙攘人群觀光客，往來絡繹不絕，看到古城風光之美，晚上享受秦淮河小吃，不忘鹹水鴨的美味，來南京必遊此景點必有其因。

2017.12.20

197 盛情難卻兩岸情

　　南京自由行收穫滿滿，在本會陳秘書長的協調連絡下，不但認識南京市台辦李主任，亦與南京老山抗日戰爭勝利交流中心楊秘書長數次相見歡，在返台前夕，特安排餞行。

　　12月15日晚，楊秘書長順風惜別晚宴，設於玄武區太陽宮錦繡江南餐廳，除同行五位友人，另有邀請十幾位前來參加盛會而改自由行的台灣朋友，豪華大圓桌座滿二十人，彼此雖初識，但濃郁的同胞情拉近距離，沒有隔閡，兩岸一家親更加融和，因有共同語言文字及生活習慣。這亦是我喜歡到大陸旅遊原因之一。

　　短短五天南京行，同仁都說比較輕鬆自在，不受以往落地接待的拘束。我們專程來到揚州小吃，漫遊南京古都秦淮河古街道，參觀了南京兩個有抗戰紀念意義的歷史史蹟館。「南京抗日航空烈士紀念館」、「南京大屠殺史實紀念館。」真的不虛此行。

2017.12.23

198 運動與勞動

　　日前參加立法院前八百壯士抗爭活動，見到復興崗 14 期來自全省各地同學，北中南及花東各地區多達 43 位，大家相見最關心健康，耄耋之年健康首要。聊起養生保健，許多同學每天日行萬步，有幾位同學每天勞動整理環境，種菜、養雞、養鴨、養鵝離不開田園莊稼生活，怡然自得。

　　我發現喜歡運動的同學身心健康，外表顯示年輕，活力充沛，反之老態龍鍾，行動遲緩，從外表看來有很大差異。運動與勞動都有益身心健康，前者若能持之以恆，任何運動都有助身體保健，後者偏重勞力，非人人能及！大凡運動勞動都是好的，如今普遍壽命延長，與重視養生保健有關，運動的先決條件是身心健康之下量力而為，如生病或疲勞或睡眠不足都不宜勉強運動，那是體力的透支，勞動亦然。

　　時尚順口溜：「六十、七十年少，七十、八十不老，八十、九十剛好，一百還能到處跑。」歲月公平，年紀漸長，老病死生，要享有年輕的活力及體力，延緩老化，是今天大家努力追求的目標，功名利祿已煙消雲散，不要攀比，今天誰的身體好最重要。最後的勝者是屬於健康者。

2017.12.26

註：運動與勞動區別

首先，性質和目的不同。運動是種健康理念、是種生活態度，是以身體練習為基本手段的教育活動，達到強身健體、豐富生活、延年益壽的目的；而勞動則是生存技能，是維持自我生存和自我發展的人類活動，達到創造價值、改善環境、維持生存的目的。

第二，生理作用不同。運動是在一定負荷下使機體產生一種叫內啡肽的酶，這種酶具有調節體溫、心血管和呼吸等功能，能給人一種欣快感，從而使人心情舒暢、氣血協調、強身延壽、延緩衰老。而體力勞動則不一定產有益酶，在多種內在因素不平衡作用下，勞動則會加速人的衰老。

第三，方式不同。雖然運動和勞動都能活動筋骨、增加力量，但運動是在負荷條件下進行的促進生理和機體功能身心合一、全面發展的主動性活動，所以運動是主動的健身性全身運動；而體力勞動的過程是重複固定進行的，同時只有局部肌肉和關節參與，運動方式也是被動的，所以勞動是被動的重複性局部運動。第四，效果不同。人運動時，通過各身體系統的參與，可以增強心肺功能，帶動消化、泌尿、血液等系統的改善，提高肌肉和骨骼能力，完善機能、促進健康。而在體力勞動過程中，動員的肌肉和關節較少，

供能系統運用小而單一，同時負荷較小，很難達到強身健體的目的，只是在長年累月的勞動中使局部肌纖維變

粗、骨骼變大；同時肌肉活動的不均衡和長期的重複固定動作，容易導致肌肉力量不均勻、穩定性和靈活性下降，產生肌肉勞損、關節病等傷病。勞動可以是運動，運動絕不是勞動！運動是心與身的整合，是愉悅的是興奮的，更是幸福的！讓我們一起開心的勞動，快樂的運動吧！謝謝關注！

本文由湖南麒麟體育有限公司
運動康復工作室伍 明先生提供

199 懷念雙親

　　從小我們姐弟妹在小家庭中成長，因此姐弟妹感情特別好，其來有因。台灣光復後，父親考上第一期台灣省警察學校，擔任一輩子的基層員警，後來調升派出所主管，卻因職務經常調動，我們有離鄉背景到處為家的感覺，記憶中高中求學前搬了六次家，雖都在台南縣附近，我們住的是老舊的榻榻米員警宿舍。

　　幾次想寫憶雙親的文章，又怕觸情傷感，在我第三本書出版前留下此文，是要追思懷念對父母親的一些記憶。母親在我初二那年、父親在我 43 歲時先後離開我們，那是 60 年、30 年前遙遠的歲月，但在我腦海裡仍記憶猶新。

　　我民國 53 年高中畢業，參加軍事聯招，考上當年政工幹校 14 期政治系，北上求學第一次離開家，四年軍校生活只有短暫寒暑假才能與家人團聚。畢業後有四年的軍旅生活，其中兩年在外島，與家人是聚少離多。往後回到母校在安定環境服務，亦只有逢年過節返家聚會。屈指一算，真正與家人相聚時間有限。對母親的記憶是停留在兒時到青少年短短十幾年，知道母親待人誠懇和氣，與左鄰右舍相處融洽，教育我們如何待人處事，首先心地要善良、要慈悲友愛，從小給我們教育真正已做到了溫良恭儉讓，這是母親給我印象最深刻的啟蒙！母親受過

日本教育可與父親日語交談，相夫教子與父親甚恩愛。她不恥下問與我們一起學國語，很快就無師自通，可惜與父親只有短短二十年姻緣！

　　父親是一位負責盡職的人民褓姆，一生奉公守法，常常公而忘私為里民調解家庭糾紛、交通事故甚而廢寢忘食，出席村里民婚喪喜宴及廟會忙碌不已，這是工作的一部分，原來警民關係要做好公關。一生奉獻警界基層，服務里民，行善積德，對我們子女做了最好示範榜樣！父親服務警務長達四十年，服務期間表現優異，有機會保送警官學校受訓，卻為了照顧家而放棄。我日後亦承襲父親影響，不願離家到部隊歷練，看淡得失名利不強求。記憶中父親多采而不平凡的一生，略述如下：父親平時幽默風趣，擅長說笑，平易近人，待人處世圓融包容，深得親朋好友尊重敬仰！父親寫一手工整的字，毛筆、鋼筆字都獨樹一格，軍校四年中，每週一封家書，累積太多書簡，搬家時捨棄不少，很後悔沒保存，這是最好的家書生活回憶錄。父親一生嗜煙酒，因工作需要，喝酒划拳一流，很少人能勝之。煙酒可解工作壓力，卻也是危害健康殺手。父親喜好聽日本歌曲，能吹奏一手流利的口琴，至今我喜聽日語老歌，從小耳濡目染有關。

　　以上追憶父母一些往事，相信認識的親友會認同，往事已矣，只待追憶！我永遠懷念與尊敬的父母親，您們在天之國想必一切安好。

2017.12.28

200　歲末有感

今天即將送舊迎新，2017 年要成過去，健群小品趕上 200 篇，即可出版，前後一年又七個月，留下我生活的記錄，新一年將開始，當以每週二至三篇生活的題材繼續寫作，將以「歲月行腳」命名分別之。

從復興崗四年養成寫日記習慣，一直持續三十年，留下年輕歲月酸甜苦辣的回憶，退休後小品文留下近六年的生活點滴，此小小心願因資訊網路便捷得以如願。

時值年終歲末，願期許祝福新的一年，所有親朋好友及家人身心康健平安，事事如意，並祈福眾生喜樂。願以網路一文共勉之：

每天堅持八件事，運氣越來越好。

1、微笑：氣質會越來越好。

2、適應：處境會越來越順。

3、理解：知己會越來越多。

4、包容：生活會越來越美。

5、欣賞：人際會越來越廣。

6、謙讓：肚量會越來越寬。

7、善良：世界會越來越淨。

8、感恩：運氣會越來越好。

迎接新的一年新氣象，人人好運跟著來。　　　2017.12.31